シリーズ旅する日本百選④

一宮を訪ねる旅 編

はじめに

本書は「旅する日本百選」と題して、日本が国内外に誇る歴史的建造物や資産などを紹介するシリーズです。

今回は「一宮を訪ねる旅」と題して、東日本と西日本の「神社」を紹介しています。その数は合計で100を超えますが、各神社近くの立ち寄りスポットを加え、旅のガイドとして楽しんでいただけるような内容を目指しました。

日本各地にある神社は8万社を超えます。その中から、どの神社を掲載するのか。考えた末にテーマとしたのが「一宮」です。

本書では、「全国一の宮会」に所属している神社を基本に掲載しています。さらに、ぜひ訪れてほしい神社（勅祭社）として、石清水八幡宮、春日大社、橿原神宮の3社を紹介しています。

「一宮」とは、平安時代に生まれたと考えられていますが、諸説あって定かではありません。延長5(927)年に編纂された『延喜式神名帳』には、国や郡ごとに主要な神社が記載されおり、その数は2861社です。任地に赴いた国司が、それらの神社の中から、その土地の平穏と豊穣を願って、最初に参拝するのが一宮、そして、次に参拝するのが、二宮、三宮とされたとも言われます。

しかし、時代が進み、政治の体制が変わると、「一宮」とされた神社も変化し、新しく加わったり、減ったりもしています。いわば「一宮」は、その時代を代表する神社ともいえるのではないでしょうか。

平成10(1998)年に発足した「一の宮巡拝会」は、神社本庁が作成した「全国一の宮表」のほか、一宮に関わる学術書籍などを基に所属神社を定め、さらに、北海道や沖縄などの由緒ある神社を「新一宮」として加えています。そのすべてに参拝すると「全国一の宮巡拝成就の証」を受けることもできます。詳しくは同会ホームページでご確認ください。

本書では各地の「一宮」神社の由来や縁起のほか、笹生衛國學院大學博物館館長のインタビューなども掲載しています。読んでいただくとわかりますが、神社は「願う」だけの場所ではなく、自然の恵みや生きて今ここに在ることを「感謝」する場所でもありました。

本書を手にして一宮めぐりの旅をすることで、みなさまの人生が、より豊かなものになるよう願ってやみません。

2024年2月
「一宮を訪ねる旅」製作委員会

神社の基本用語

☑ 鳥居 (とりい)

神社の神域の入り口を示す門。複数ある場合は、参道入口に設けられる最も大きな鳥居を「一の鳥居」と呼ぶのが一般的。形や素材はさまざまある。

☑ 本殿 (ほんでん)

正殿とも言う。祭神が鎮座する最も神聖な場所。通常は鍵をかけられており、祭祀の際などに開かれる。幣殿や拝殿などと繋がっている形態と独立している形態がある。

☑ 拝殿 (はいでん)

礼拝するための建物。本殿は神座そのものであるのに対し、拝殿は人が神に祈願などをする場所。建物の外で礼拝する外拝殿と屋内で礼拝する内拝殿とがある。

☑ 幣殿 (へいでん)

幣帛 (へいはく・供物のこと) を神に奉るための建物で、拝殿と本殿の間に設けられるのが一般的。現代では祭祀用の空間として使用されることも多い。

☑ 祭神 (さいじん)

神社に祀られている神。主として祀られている神を主祭神とも言う。祭神は一柱とは限らず、複数の主神が祀られていることもある。

☑ 天つ神 (あまつかみ)

高天原に存在する神や、高天原に生まれ、この国に降りてきた神々のこと。古事記では天之御中主 (あめのみなかぬし) 神など5柱を別 (こと) 天津神としている。

☑ 国つ神 (くにつかみ)

この国で生まれた神を指す場合と、天孫降臨以前にこの国に存在していた精霊や豪族を指す場合とがある。

☑ 千木・鰹木 (ちぎ・かつおぎ)

神社建築に特徴的なもので、屋根の上で交差した二本の木を「千木」。屋根上に水平に並べられた木を「鰹木」と言う。神社の神聖性を象徴する意味合いがある。

☑ 狛犬 (こまいぬ)

社殿前や参道に置かれた一対の獅子形の像。高麗犬、胡麻犬とも表記する。邪を退け、神前守護の意味を持つとされる。

☑ 摂社と末社 (せっしゃとまっしゃ)

本殿に祀られた主祭神とは異なる神を祀っている比較的小さな社のことを摂社または末社と言う。境内にある「境内摂社」と境内外の敷地にある「境外摂社」とがある。

☑ 注連縄 (しめなわ)

神前、神域など神聖な場所を示すために渡し、または張り巡らす縄のこと。古代には専有の意味で「標 (しめ)」と表記されたが、神事に用いられるものを「しめなわ」と言うようになった。

☑ 茅の輪 (ちのわ)

茅 (ちがや) で作った大きな輪で、6月晦日または7月晦日に参道に立てられる。参詣者がこれをくぐり、穢れや災厄を取り除く。夏越 (なごし) の祓とも言う。

☑ 勅祭社 (ちょくさいしゃ)

天皇からの勅使が派遣されて祭祀が行われる神社のこと。現在は次の16社。賀茂御祖神社、賀茂別雷神社、石清水八幡宮、春日神社、氷川神社、熱田神宮、橿原神宮、出雲大社、明治神宮、靖國神社、宇佐神宮、香椎宮、鹿島神宮、香取神宮、平安神宮、近江神宮。

☑ 延喜式神名帳 (えんぎしきじんみょうちょう)

延長5 (927) 年に成立した法典『延喜式』のうち、巻九・十のことで、当時の主要な神社2861社が国郡別に記載されている。それらが「式内社」である。

※『神道辞典』(編集／國學院大學日本文化研究所、発行／弘文堂) から引用または参考にしています。

シリーズ 旅する日本百選④

一宮を訪ねる旅
西日本編

目次

丹生都比売神社

大神神社

四国

九州・沖縄

宇倍神社

土佐神社

宇佐神宮

「一宮を訪ねる旅」掲載一覧マップ

西日本編 ※令和5年10月23日発行の『一宮を訪ねる旅 東日本編』に掲載の内容と異なる部分があります。

- 60 建部大社
- 61 賀茂別雷神社(上賀茂神社)
- 62 賀茂御祖神社(下鴨神社)
- 63 出雲大神宮
- 64 籠神社
- 65 住吉大社
- 66 坐摩神社
- 67 枚岡神社
- 68 大鳥大社
- 69 大神神社
- 70 日前神宮 國懸神宮
- 71 伊太祁曽神社
- 72 丹生都比売神社
- 73 出石神社
- 74 粟鹿神社
- 75 伊弉諾神宮
- 76 宇倍神社
- 77 出雲大社
- 78 熊野大社
- 79 物部神社

- 80 隠岐國壱宮 水若酢神社
- 81 由良比女神社
- 82 吉備津神社
- 83 吉備津彦神社
- 84 石上布都魂神社
- 85 中山神社
- 86 備後一宮 吉備津神社
- 87 素盞嗚神社
- 88 嚴島神社
- 89 玉祖神社
- 90 長門國一宮 住吉神社
- 91 阿波一宮 大麻比古神社
- 92 田村神社
- 93 大山祇神社
- 94 土佐神社
- 95 筥崎宮
- 96 筑前國一之宮 住吉神社
- 97 高良大社
- 98 與止日女神社
- 99 千栗八幡宮

- 100 天手長男神社
- 101 阿蘇神社
- 102 宇佐神宮
- 103 西寒多神社
- 104 柞原八幡宮
- 105 都農神社
- 106 鹿兒島神宮
- 107 新田神社
- 108 枚聞神社
- 109 波上宮

- 110 石清水八幡宮
- 111 春日大社
- 112 橿原神宮

東日本編

01 ～ 59 の神社は、好評発売中の『一宮を訪ねる旅 東日本編』で紹介しています。

01 北海道神宮
02 岩木山神社
03 陸中一宮 駒形神社
04 志波彦神社・鹽竈神社
05 鳥海山大物忌神社
06 伊佐須美神社
07 馬場都々古別神社
08 八槻都々古別神社
09 石都々古和氣神社
10 鹿島神宮
11 日光二荒山神社
12 宇都宮二荒山神社
13 一之宮貫前神社
14 武蔵一宮 氷川神社
15 氷川女體神社
16 秩父神社
17 香取神宮
18 玉前神社
19 安房神社
20 安房国一宮 洲崎神社
21 鶴岡八幡宮
22 寒川神社
23 彌彦神社
24 居多神社
25 度津神社
26 越中一宮 高瀬神社
27 氣多神社
28 雄山神社峰本社
29 雄山神社中宮祈願殿
30 雄山神社前立社壇

31 越中総鎮守一宮 射水神社
32 氣多大社
33 白山比咩神社
34 氣比神宮
35 若狭彦神社
36 若狭姫神社
37 甲斐國一宮 淺間神社
38 諏訪大社上社本宮
39 諏訪大社上社前宮
40 諏訪大社下社秋宮
41 諏訪大社下社春宮
42 三嶋大社
43 富士山本宮浅間大社
44 遠江国一宮 小國神社
45 事任八幡宮
46 砥鹿神社
47 真清田神社
48 尾張國一之宮 大神神社
49 飛驒一宮 水無神社
50 南宮大社
51 敢國神社
52 椿大神社
53 都波岐奈加等神社
54 伊雑宮
55 伊射波神社

56 明治神宮
57 靖國神社
58 熱田神宮
59 伊勢神宮

國學院大學博物館館長・笹生衛さんに聞く

古社を巡れば見えてくる
日本の神社・神信仰の原点

西日本編 祭祀遺跡から歴史を解明する「祭祀考古学」の専門家・笹生衛さんに、
神社の成り立ちや神社を訪ねる際の注目ポイントを聞いた。

ヤマト王権の拡大で
全国に広がった神祭り

大神神社が鎮座する三輪山

　日本人はなぜ神様を考えるのでしょうか。例えば大神神社（P42）は、非常に美しい三輪山の麓に鎮座します。山の自然環境は、人間の命をつなぐうえで欠くことのできない水や材木を供給します。自然は恵みを与える一方で災害をもたらします。我々人間は、そのような場所にそうさせている「神」の存在がいると直観します。神を祀る神社とは、環境の働きが人間にとって重要な場所に鎮座すると言えるでしょう。

　4～5世紀、古墳時代には、全国の重要な場で祭祀（神祭り）を行った跡「祭祀遺跡」が残されるようになりました。各地の祭祀遺跡で、似た遺物が出土するので、ヤマト王権から各地へ、神様に捧げるための貴重品が分与され、神祭りの形式が伝わっていたと考えられます。そのような祭祀の場から古代の神社へ発展した例は多いでしょう。

　古代、国家が重要視した神社には神郡※が設定されましたが、西日本においては日前神宮 國懸神宮（P44）、宗像大社、出雲大社（P60）が挙げられます。

　日前神宮 國懸神宮は、ヤマト地域から瀬戸内海へ出る紀の川の河口付近に鎮座し、ヤマト王権が勢力を拡大するにあたり西へ向かうための基点でした。そ

※郡の税収などを神社の祭祀・維持に当てた郡

笹生衛 さそう まもる

1961年、千葉県生まれ。博士（宗教学）。現在は國學院大學神道文化学部教授、同大学博物館館長、同大学研究開発推進機構長。古代の祭祀遺跡から、日本考古学、日本宗教史を研究する。『まつりと神々の古代』（吉川弘文館、2023年）など著書多数。

こから紀淡海峡を渡って瀬戸内へ、さらに関門海峡を渡って九州へ、やがて対馬や朝鮮半島へつながります。そこはヤマト地域から東へ向かう基点の伊勢と対になる場所であり、伊勢神宮と深い関係にある鏡が祀られたのです。

先進文化を受容する
航海の要・宗像大社

宗像大社は、釣川の河口に鎮座する辺津宮、大島の中津宮、沖ノ島の沖津宮の3社からなる神社です。沖ノ島には全国的に見ても特に古い4世紀後半、古墳時代前～中期の祭祀遺跡が残っています。大量の鏡など、貴重な奉献品が納められていました。

宗像大社の3社は、九州と朝鮮半島を結ぶ海上交通で重要な働きを示しました。沖ノ島と大島は、玄界灘を航海する上での灯台ともいえる目標です。辺津宮

日前神宮 國懸神宮

國學院大學博物館館長・笹生衛さんに聞く

古社を巡れば見えてくる
日本の神社・神信仰の原点

は河口にありますが、地形の復元から古代は大きな港だったと推測できます。海上の案内役としての島があり、舟を停めてくれる湾がある。人々はこの島や湾の働きに神様の存在を直観して祀ったのです。

ヤマト王権にとって、朝鮮半島の最先端の技術や思想、鉄などの物質を輸入する重要な航路の要です。そこにいらっしゃる神様を国家として大切に祀るため、国宝級の品々が捧げられ、納められていました。

地方とのつながりが見える
出雲の遺跡と神々

出雲大社でも、4世紀後半の遺物が発掘調査で発見されています。勾玉や臼玉というビーズのような祭祀用の玉や、土器が見つかっています。土器の壺の口は、ヤマト地域の土器と同じ特徴を持っており、ここでの神祭りにはヤマト王権の影響が確認できます。

さらに古い弥生時代の出雲地域の遺跡では、朝鮮半島の土器が出土しています。弥生時代には、ヤマト地域より朝鮮半島とのつながりが強かったのでしょう。

出雲大社の摂社、神魂御子神社（筑紫社）には、宗像大社の祭神である多紀理比売命が祀られています。日本海を通じて、出雲と北九州につながりがあったと考えられますね。また出雲大社の祭神である大国主大神は越の国、

出雲大社 御本殿・拝殿

つまり北陸にもつながりがあります。さらに大国主大神の大元である須佐之男命は、『日本書紀』などで朝鮮半島との関係が語られています。

　出雲は北九州や朝鮮半島と関わりがあり、古代において先進的な文化を受容する場所だったと言えます。このように日本列島の神々は、地政学的にそれぞれ特徴があると考えています。

日本人に今も根付く
神信仰とは

　自然崇拝やアニミズム※は、原始時代の古い信仰だといわれることがあります。しかし、夜に暗闇を1人で歩いていて、草むらががさがさと動けば、多くの人が怖いと感じるはずです。原始や古代の人々でも、そこに危害を加える動物などがいるのかもしれないと直観して逃げたはずです。そうすることで生命を維持できた人々の子孫が私たちです。ですから、私たちの行動原理には、何か現象が起きると、そうさせている存在がいると直観することが、自然と組み込まれているわけです。

　古墳時代の遺跡があるところに今でも神社が鎮座するという現実は否定できません。そこは、その地域の人間にとって大事な意味を持つ場所として維持してきたのです。

　現代でも、神社に行くとパワースポットというか、ちょっと特別な感じがするというのは、特別な環境だからでしょう。そこは古代の人の迷信によるのではなく、人間が生活するうえで重要な働きがあらわれる合理的な場所なのです。そうした場所に赴き、環境と対話することが、人間と自然の関わり方を深く考え、日々を平穏に暮らすことにつながるのではないでしょうか。

※すべてのものに霊魂が宿るという考え方

参拝

心構え

太古の昔から日本人は、自然や産業など、あらゆるものに神が宿ると信じ、敬ってきた。神社は、そうした神々が鎮座する、神聖な場所である。平安時代までは天皇やその勅使、あるいは国造や国司などが国や民の安全、五穀豊穣などを願う祈りを捧げていた。

現代では内外の観光客などが多く訪れることもあって、参拝の仕方などに特別な決まりはないとされるが、神聖な場所であるから、境内では礼儀正しく振る舞うことをおすすめする。常に敬意を払って、森閑とし

た境内を歩けば、心も清々しく穏やかになることだろう。神社によっては参拝の仕方が決まっているところもあるが、ここでは、一般的な参拝の作法を紹介する。

手水の作法

❶ハンカチを用意し、軽く手水舎（ちょうずしゃ）に一礼する。

❷右手で柄杓（ひしゃく）を取り上げ、水をすくって左手を洗う。

❸左手に柄杓を持ち替え、水をすくって右手を洗う。

❹再度、柄杓を右手に持ち替え、水をすくって左手に溜め、その水で口をすすぐ。

❺すすぎ終わったら、左手をもう一度洗う。

❻柄杓を両手に持ってから静かに立て、水で柄の部分を流し、元の場所に戻す。

❼ハンカチで口と手を拭き、軽く一礼して手水を終える。

※柄杓がない場合は、手水舎の流水で両手を洗い、その後、両手に水を溜めて口をすすぐ。再度、両手を洗い、ハンカチで口と手を拭いて終える。

の 作 法

鳥居について

　鳥居は神社の内と外との境に建てられ、その内側は神様がおられる「御神域」となる。つまり鳥居は、外界との境に設けられた結界のようなものである。

　神聖な場所に足を踏み入れるという気持ちがあれば、自然に頭が下がるもの。鳥居の前では立ち止まって一礼し、それから神域に入ろう。鳥居をくぐったのちは、参道の中央ではなく、左右いずれかを歩くようにする。参道を横切るときも中央で軽く礼をしたり、神殿に向かって礼をしたりすれば、より礼儀正しくなるだろう。

拝礼の作法

❶背中をまっすぐにして腰を90度に折り、
　拝礼する。
　これを二回繰り返す。（二礼）

❷両手を胸の前で合わせ、
　肩幅程度に開いてから
　柏手を二回打つ。（二拍手）

❸両手を胸の前で合わせ、
　願いを込めて祈る。

❹両手を両脇に下ろし、
　最初と同じように深く礼をする。（一礼）

※柏手を打つ場合、
　右手のひらを左手より少し下げて打つようにする。

鈴の鳴らし方

　拝殿の前に鈴がある場合、参拝者は賽銭を供え、鈴を鳴らしてから拝礼する。鈴は参拝者を祓い清め、神霊の発動を願うものであるという。

お賽銭

　賽銭は神前に進み、礼をする前に行う。ご縁（5円）があるようになど語呂合わせで賽銭する人も多いが、お礼の心の表れなので、語呂合わせなどにこだわらないほうがいい。

昇殿参拝

　拝殿前での一般的な参拝のほかに、神職や巫女が社殿内に案内して御祈願する「昇殿参拝」もある。社務所で初穂料を差し出し、住所や氏名、願いごとなどを書くと、社殿内で神職が祝詞（のりと）をあげ、祈願をしてくれる。普段は入れない社殿内での祈りや巫女の神楽舞など日本の伝統に彩られた行事は、厳かな雰囲気に包まれ身も心も癒される。転機が訪れた時や厄払いなど特別な時に、昇殿参拝を申し込んでみよう。神社の本来の姿を垣間見られる。

※参考資料／神社本庁ホームページ、東京都神社庁ホームページ

神社の神々

国内におよそ8万社もあるといわれる神社には、それぞれに神様が祀られている。
すべての神様に由来はあるが、ここでは本書に掲載している
神社の主な神様について、簡単に紹介しよう

國學院大學「古典文化学」事業HPより

『古事記』と『日本書紀』
神々の物語と天皇の系譜

　神社に祀られている祭神は、多くが
『古事記』や『日本書紀』などに由来して
いる。

　『古事記』は現存する最古の歴史書で、
和銅5(712)年に完成。序文のほか、上中
下巻に分かれている。一方、『日本書紀』
は養老4(720)年に完成した勅撰の歴史
書。いわゆる王権・朝廷の正史である。

　いずれの書も初めに描かれるのは、神
代、いわゆる神々の物語である。

伊弉諾、伊弉冉の国生みと神生み、天

照大御神、八岐大蛇、因幡白兎、出雲の
国譲り、日本武尊などの説話を聞いたこ
とがある人も多いだろう。そこに登場す
る神あるいは人が、神社の神々として祀
られている。

　より詳しく神様について知りたいので
あれば、古代日本のミソロジー（神話）が
より詳しく描かれた、『古事記』を読むの
がおすすめ。多くの現代語訳や解説書が
出版されているので、一宮めぐりの合間
に読んでみてはいかがだろう。

伊弉諾命・伊弉冉命
いざなきのみこと・いざなみのみこと

神世七代※の第七代で、伊弉諾命が男神、伊弉冉命が女神。夫婦となって「国生み」と「神生み」をするが、伊弉冉命は火の神を生んだのちに神去りして黄泉の国へ行ってしまう。その後、伊弉諾命から天照大御神、月読命、建速須佐之男命が生まれた。

天照大御神
あまてらすおおみかみ

黄泉の国から戻った伊弉諾命が穢れを払うため左目を洗ったときに出現した。高天原の統治を命じられるが、須佐之男命が高天原で暴れたため天岩戸に籠る。出雲の国譲りにあたっては建御雷之男命を遣わすなど、高木神とともに天孫降臨の主導役となった。

月読命
つくよみのみこと

黄泉の国から戻った伊弉諾命が穢れを払うため右目を洗ったときに出現した。天照大御神の弟神で、夜之食国の統治を命じられた。暦（月齢）に関する神ともいわれる。種まきなどの時期を知るため暦は重要な役割を果たすことから、農耕神としても信仰される。

建速須佐之男命
たけはやすさのおのみこと

黄泉の国から戻った伊弉諾命が穢れを払うため鼻を洗ったときに出現した。天照大御神の弟神で、『古事記』では須佐之男命の表記が多い。海原の統治を命じられたが従わず、高天原に戻って暴れたため天照大御神は天岩戸に籠ってしまう。その後、高天原から追放された。

天手力男神
あめのたちからおのかみ

天照大御神が隠れた天岩戸の前で天宇受売命が神がかって踊り、何事かと思った天照大御神が岩戸を少し開けたところを天手力男神が御手をとって引き出した。手の力の強い神といわれる。天孫降臨の際には、邇邇芸命に随伴した。

大山津見神
おほやまつみのかみ

伊弉諾命、伊弉冉命の二神によって生まれた「山の神」。八岐大蛇退治の段では櫛名田比売の父が、大山津見神の子と名のる。ほかにも、『古事記』のいくつかの段で登場する。山の神とはいっても、山を司るだけでなく、広く地上を代表する神といわれている。

※『古事記』によると、別天津神五柱に続いて成り出た、クニノトコタチ、トヨクモノ、ウヒヂニ・妹スヒヂニ、ツノグヒ・妹イクグヒ、
オホトノヂ・妹オホトノベ、オモダル・妹アヤカシコネ、イザナキ・妹イザナミという七代十二柱の神のこと

櫛名田比売
くしなだひめ

　高天原から地上に降り立った須佐之男命は出雲国で八岐大蛇の退治を引き受ける。その時に助けたのが櫛名田比売で、のちに結婚した。その子孫に大国主神がいる。須佐之男命は、退治した大蛇の尾から取り出した草那芸之大刀を天照大御神に献上した。

大国主神
おおくにぬしのかみ

　大穴牟遅神の異称とされる。『古事記』では傷ついたウサギを助ける「因幡白兎」などのエピソードが詳しく紹介されているが、『日本書紀』では割愛され、大国主神の「国造り」と「出雲の国譲り」を中心に記述されている。国土造成の神様。

建御雷之男神
たけみかづちのおのかみ

　『古事記』では建御雷神とも表記される。高天原から出雲国に降り立って国譲りの交渉にあたり、帰順させた。『日本書紀』では、危機に陥った神武天皇を救うため、天照大御神と高木神から降臨を命じられるが、自身の代わりに霊剣(佐士布都神)を地上に降して助けた。

事代主神
ことしろぬしのかみ

　大国主神の子のひとり。国譲りを迫る建御雷之男神への返答を大国主神から託されたため、恭順を宣言して、海中の青柴垣の中に隠れ去った。神言を代行する託宣の神とされる。青柴垣は神の居場所を表し、美保神社(島根県)では青柴垣神事が行われている。

邇邇芸命
ににぎのみこと

　『日本書紀』では瓊瓊杵尊と記される。天照大御神の孫で、葦原中国を治めるべく、高天原から筑紫日向高千穂に、陪臣の神と、「玉」「鏡」「剣」とともに天下った(天孫降臨)。地上では大山津見神の娘である木花之佐久夜毘売と結婚し、子をなした。

木花之佐久夜毘売
このはなのさくやひめ

　『日本書紀』では木花(華)開耶姫命と記される。木花は桜のこと。邇邇芸命の妻となり、一夜で妊娠。それを不審に思った邇邇芸命に対し、疑いを晴らすために自ら産屋に火を放ち、火中で、のちに天皇や氏族の祖となる火照命、火須勢理命、火遠理命の三神を生んだ。

資料／國學院大學「神名データベース」、『神道辞典』(編集／國學院大學日本文化研究所、発行／弘文堂)
※一部引用または参考にして記述しています。

火遠理命
ほおりのみこと

　邇邇芸命と木花之佐久夜毘売との間にできた子で、日子穂々手見命のこと。長じて、山の獲物を狩る山佐知毘古（山幸彦）となる。兄である火照命は海の獲物を捕る海佐知毘古（海幸彦）となったが、やがて二人は対立することに。山幸彦は豊玉毘売と結婚する。

豊玉毘売
とよたまびめ

　失くしてしまった兄の釣り針を探しに海の宮に来た火遠理命と出会って結婚。出産の際に、元の姿（魚）を見られてしまった恥ずかしさに、子を産むとすぐに海に帰ってしまう。生まれた子の名は、鵜葺草葺不合命。神武天皇の父である。

玉依毘売
たまよりひめ

　豊玉毘売は子を置いて去ったものの、夫と子に対する愛情は捨て難く、妹である玉依毘売に鵜葺草葺不合命を養育してもらう。鵜葺草葺不合命は成長してのち、玉依毘売と結婚。玉依毘売は四人の子を産んだ。そのうちの一人が神倭伊波礼毘古。神武天皇である。

日本武尊
やまとたけるのみこと

　景行天皇の子。父の命を受けて西国に向かい、熊襲のタケルを討った。さらに東征へと向かい、草薙の剣で戦うなどして平定した。尾張の美夜受比売のもとに剣を預け、大和へと向かったが、帰還途中で病に倒れ、没した。白鳥となって帰ったと伝わる。

國學院大學「古典文化学」事業HPより

本書の見方

西日本の各地に鎮座する一宮を、写真とともに2ページから4ページで紹介します。

データ

祀られている祭神、所在地や問い合わせ先、アクセスなどを掲載。

ご利益

右の6つをはじめとしたアイコンで紹介。

総合運	仕事・学業運
美容・健康運	金運
縁結び	安産

御朱印

御朱印は参拝の証として、主に授与所や社務所でいただける。詳細はP140～P143で紹介。

Topics&立ち寄りスポット

神社の宝物館や代表的な祭礼、ご当地グルメや土産店など、神社周辺のおすすめスポットを掲載。

☎…電話番号　　住…所在地
営…営業時間　　休…休業日
¥…料金

※本書の掲載情報は2024年1月現在のものです。その後、各施設の都合により変更される場合がありますので、予めご了承ください。
※休みは年末年始や臨時休業を省略している場合がありますので、お出かけ前にご確認いただくことをおすすめします。
※アクセスの所要時間はあくまで目安としてお考えください。
※掲載している金額は原則として一般料金、一部を除きすべて税込価格です。
※神社名・神様の名称などは各神社が使用している名称に準じています。

近畿

建部大社

たけべたいしゃ

厄除け・開運　商売繁盛

現在の社殿は享保8(1723)年の再建。手前に御神木「三本杉」がそびえる

写真提供:びわ湖大津観光協会

源頼朝も大願成就を祈願
日本武尊を祀る唯一の大社

本殿の祭神は日本武尊。崩御3年後の景行天皇46(116)年、神勅により近江の安国造の娘・布多遅比売命が、尊との子・稲依別王と共に住んでいた神崎郡建部郷に尊の神霊を祀り、天武天皇4(675)年に現在地へ遷座したとされる。天平勝宝7(755)年には権殿に大神神社(P42)から大己貴命を勧請した。

『平治物語』によれば、源頼朝が伊豆配流の道中、当社に参籠して源氏再興を祈願。宿願成就すると、上洛の際に再び参拝し、神宝や神領を寄進したという。琵琶湖畔の交通・経済の要衝に位置し、戦乱の被害を受けるが、その都度復興。厄除け開運、商売繁盛の神として、朝廷や武将たちの崇敬を集めた。

祭神	**日本武尊**（やまとたけるのみこと）	所在地	滋賀県大津市神領1-16-1
	大己貴命（おおなむちのみこと）	TEL	077·545·0038
		料金	参拝無料（宝物殿は200円※要予約）
		見学時間	5:00〜17:00
御朱印情報 ▶ P140		休み	なし
		アクセス	京阪電車「唐橋前」駅から徒歩約10分

1

2

3

TOPICS

**大津の夏の風物詩
「納涼船幸祭」**

毎年8月17日に行われる夏祭り。日本武尊の故事に基づき、大神輿を御座船に載せ、瀬田川を往復する。祭りの終わりには、船の動きに合わせて花火が打ちあがる。

1.日本武尊を祀る本殿（左）と大己貴命を祀る権殿が並ぶ。境内には県内最古の石灯籠、特別天然記念物の菊花石などがある。2.檜皮葺きの神門。3.日本武尊の妃・布多遅比売命がモデルという平安時代作の木造女神坐像と小神坐像2体（3体とも重要文化財）。宝仏殿に展示。

おすすめ立ち寄りスポット

瀬田の唐橋
せたのからはし

日本三名橋の一つ。かつては京都へ通じる交通の要衝だった。近江八景「瀬田の夕照」でも名高い。⊕大津市唐橋町

写真提供:びわ湖大津観光協会

石山寺
いしやまでら

真言宗の大本山。国宝・重要文化財を多数所蔵する。紫式部ゆかりの地としても有名。⊕大津市石山寺1-1-1

写真提供:びわ湖大津観光協会

賀茂別雷神社（上賀茂神社）

かもわけいかづちじんじゃ（かみがもじんじゃ）

総合運　　縁結び　　厄除け・災難除け　　必勝

寛永5（1628）年造替の楼門と回廊。平成29（2017）年に修理を終え、朱色が鮮やか

神話と平安文化が息づく
京都最古級の皇城鎮護社

　祭神の賀茂別雷大神は、山城国を本拠とする古代豪族・賀茂氏の氏神。その祖父・賀茂建角身命は八咫烏と化して神武天皇を先導した伝承をもつ。その娘・玉依比売が産んだ大神は一度天に昇るが、神山に降臨。神山を御神体山とし、その麓である現在地に天武天皇6（677）年、現在の社殿の礎が築かれた。平安遷都後は皇城の鎮護社となり、歴代天皇が行幸し、崇敬を集めた。

　21年ごとの式年遷宮により江戸時代までは社殿を造替。現在は本殿と権殿が国宝、41棟が重要文化財のため建て替えができず、大規模修復による式年遷宮を実施。境内全域が世界文化遺産「古都京都の文化財」の構成資産である。

祭神　賀茂別雷大神 （かもわけいかづちのおおかみ）	**所在地**　京都府京都市北区上賀茂本山339
	TEL　075·781·0011
	料金　参拝無料
	見学時間　5:30〜17:00（楼門内は8:00〜16:45）
御朱印情報 ▶ P140	**休み**　なし
	アクセス　JR「京都」駅からバスにて約50分、バス停「上賀茂神社前」からすぐ

1

2

3

TOPICS

雅な王朝絵巻を繰り広げる「賀茂祭（葵祭）」

毎年5月15日に行われる上賀茂・下鴨神社の例祭で、京都三大祭の一つ。平安装束をまとった大勢の人が行列を成し、京都御所から下鴨、上賀茂神社を練り歩く。

1.神山をかたどり、白砂を円錐形に盛った立砂（たてすな）が細殿の前にある。2.一の鳥居。二の鳥居まで参道両側に芝生広場が広がり、競馬（くらべうま）などの神事が行われる。3.片山御子（かたやまみこ）神社、通称「片岡社」。玉依比売命を祀る境内摂社で、紫式部も参拝。

おすすめ立ち寄りスポット

上賀茂社家町
かみがもしゃけまち

上賀茂神社の東側に広がる、神官らが暮らした門前集落。境内から流れる明神川に沿って風情ある屋敷が並ぶ。

御すぐき處 京都なり田 上賀茂本店
おんすぐきどころ きょうとなりた かみがもほんてん

上賀茂名物「すぐき漬け」など、京漬物を販売する老舗。おみやげにも人気。
🏠 京都市北区上賀茂山本町35

賀茂御祖神社（下鴨神社）

かもみおやじんじゃ（しもがもじんじゃ）

総合運　美容・健康運　縁結び　仕事・学業運　安産

古代の森と平安の雅が調和
長い信仰の歴史を刻む古社

賀茂別雷神社（上賀茂神社 P22）とともに古代豪族・賀茂氏の氏神を奉斎。本殿2棟のうち西殿に京都の守護神・賀茂建角身命、その娘・玉依媛命を東殿に祀る。創始の年代は不明だが、社殿に関する記録は紀元前から存在する。桓武天皇は平安遷都の成功を祈願し、以降、皇城鎮護の神として歴代天皇が行幸。皇女が神社に奉仕する「賀茂斎院」の制度や、式年遷宮制度も定められ、朝廷から厚く崇敬された。文学や謡曲にも多々登場し、文化・宗教の中心として繁栄。中世以降は各地で御神徳を説き、多くの崇敬者に支えられた。

東西の本殿はともに国宝、53棟が重要文化財。境内には美麗の神・河合神社など、摂末社約30社が鎮座し、全域が世界文化遺産「古都京都の文化財」の構成資産である。

清流の流れる鎮守の森は12万4000㎡もの「糺の森」。太古の自然が残る貴重な原生林を保存・継承する活動が行われている。

1

2

祭神 **賀茂建角身命** （かもたけつぬみのみこと） **玉依媛命**（たまよりひめのみこと）	所在地　京都府京都市左京区下鴨泉川町59
	TEL　075・781・0010
	料金　参拝無料
	見学時間　6:00～17:00
	休み　なし
御朱印情報 ▶ P140	アクセス　京阪電車「出町柳」駅から徒歩約12分

3

4

1.高さ約13mの楼門と廻廊は寛永5（1628）年の式年遷宮による造替。2.太古の原生林が広がる「糺の森」は国の史跡。3.糺の森に囲まれた参道の先にある南口鳥居。4.美麗の神として知られる摂社・河合神社。

清き湧き水が流れる
境内に点在する
縁結びやお祓いの末社

御手洗川と輪橋

みたらしがわとそりはし

橋の朱色が水辺に映える梅の名所

葵祭の「斎王代御禊の儀」や土用の「足つけ神事」が行われる御手洗池から流れる川。輪橋のたもとに江戸時代の画家・尾形光琳がモデルにしたという「光琳の梅」が咲く。

井上社（御手洗社）

いのうえしゃ（みたらししゃ）

祓い清める浄化の女神を祀る

水の流れを司り、罪を流してくれる瀬織津姫 命を祀る末社。井戸の上に鎮座し、社殿前の御手洗池で神事が行われる。水に浸すと文字が浮き出る「水みくじ」が人気。

相生社

あいおいのやしろ

さまざまな良縁を結ぶ神様

縁結びの神・神皇産霊神を祀る末社。2本の木が途中で1本に結ばれ、縁結びを象徴する御神木「連理の賢木」やお守り「媛守」、独特な作法での絵馬奉納が有名。

旅情を味わうモデルコース

糺の森の散策から始まり、摂末社までお参りしたら
鴨川沿いや京都御苑を歩いて名所めぐりへ

さるや
さるや

糺の森の休憩処で
参拝後のひと休み

明治時代まで親しまれていた
葵祭の名物「申餅」をはじめ、
下鴨神社にちなんだ甘味を提
供。持ち帰り品もある。

☎ 090・6914・4300 ⊕ 京都市左京
区下鴨泉川町59 下鴨神社境内 🕐
10:00〜16:30 🈳 無休

旧三井家下鴨別邸
きゅうみついけしもがもべってい

風情ある屋敷に
苔地の庭が広がる

大正14(1925)年に完成した豪
商・三井家の別邸で、国指定重
要文化財。現存する主屋1階や
玄関棟、庭園を見学できる。

☎ 075・366・4321 ⊕ 京都市左京区下
鴨宮河町58-2 🕐 9:00〜17:00(最終
入館16:30) 🈳 水(祝日の場合翌日)
💴 平日500円、土日祝600円

京都御所
きょうとごしょ

約500年使用された
歴代天皇の住居

明治維新までの天皇の住まい。
現在の建物は安政2(1855)年
再建で、平安以降、各時代の建
築様式が見られる。

☎ 075・211・1215 ⊕ 京都市上京区
京都御苑内 🕐 9:00〜17:00(最終入
場16:20)※時期により異なる 🈳 月
(祝日の場合翌日)、12/28〜1/4ほか
💴 入場無料

香老舗 松栄堂 京都本店
こうろうほ しょうえいどう きょうとほんてん

江戸時代から続く
お香の専門店

伝統的な香りから、手軽に楽
しめる匂い袋まで豊富にそろ
う。天然香料をふんだんに使用
した「京線香」も。

☎ 075・212・5590 ⊕ 京都市中京区
烏丸通二条上ル東側 🕐 9:00〜18:00
🈳 年始

Model course

京阪電車出町柳駅

↓ 徒歩12分

下鴨神社

↓ 徒歩すぐ

さるや

↓ 徒歩10分

旧三井家下鴨別邸

↓ 徒歩15分

京都御所

↓ 徒歩15分

香老舗 松栄堂 京都本店

↓ 徒歩3分

京都市営地下鉄丸太町駅

TOPICS

**賀茂祭に向け
身を清める
「斎王代御禊の儀」**

賀茂祭(葵祭)に先
立って行われる「前
儀」の一つ。女人列に
参加する女性たちが
お祓いを受け、先頭
に立つ斎王代が御手
洗池に手を浸して、
禊を行う。上賀茂神
社と1年ずつ交代で
行われる。

出雲大神宮

いずもだいじんぐう

縁結び

舞殿形式の拝殿の奥に鎮座する本殿は重要文化財。背後に御神体山の御影山がそびえる

御神体・御影山の麓に
大国主命を祀る「元出雲」

御影山を御神体とする古代信仰を創祀とし、その山麓に鎮座。延喜式名神大社、丹波国一宮として崇敬を集める。社殿創建は和銅2(709)年と伝わり、縁結びの神・大国主命とその妻・三穂津姫命を祀る。社伝では当宮から勧請し、島根県の出雲大社(P60)へ大国主命一柱を遷したとされ、別名は「元出雲」。出雲大社は旧名「杵築大社」で、明治時代に改称する前は、「出雲」と言えば当宮を指したと推察される。

貞和元(1345)年に足利尊氏により修造されたという現在の本殿は、三間社流造の檜皮葺き。境内には古墳が残り、磐座や御神石が点在。御神水「真名井の水」は名水として知られる。

祭神	大国主命 (おおくにぬしのみこと)	所在地	京都府亀岡市千歳町千歳出雲無番地
	三穂津姫命 (みほつひめのみこと)	TEL	0771・24・7799
		料金	参拝無料
		見学時間	参拝自由（社務所は9:00〜17:00）
		休み	なし
		アクセス	JR「亀岡」駅からバスにて約12分、バス停「出雲大神宮前」からすぐ

1

2

3

TOPICS

**"当たる"と評判の神事
「粥占祭（よねうらさい）」**

毎年1月に行われる神事。小豆を混ぜた粥を炊き、その年の稲が豊作か不作かを占うもの。竹筒の中に小豆が少なく米が多いほど豊作とされる。

1.マグマの接触変成岩層から湧出する御神水「真名井の水」。自然界では希少な水質でミネラルがバランスよく含まれ、名水と名高い。2.神が宿るという磐座。周囲は禁足地。3.縁結びの御神石・夫婦岩。縁結びのお守りに付いている赤い糸を岩に結び、良縁を祈願。

おすすめ立ち寄りスポット

丹波亀山城址
たんばかめやまじょうあと

明智光秀が築城。石垣などから往時を偲ぶことができる。拝観は受付にて要申し込み。🏠亀岡市荒塚町内丸1

保津川下り
ほづがわくだり

約16kmの渓流を、2時間ほどで下るスリルあるアクティビティー。巨岩や滝など見どころ豊富。🏠亀岡市保津町下中島2（乗船場）

籠神社

このじんじゃ

総合運

拝殿奥に鎮座する本殿は弘化2(1845)年造替。江戸時代末期まで遷宮が行われた

神話の地・天橋立の北浜に
鎮座する伊勢神宮の元宮

当社奥宮の地・眞名井原に豊受大神を祀った「匏宮」が起源とされる。天照大神の鎮座地を求めた巡行の際、匏宮に大神が遷座。豊受大神とともに「吉佐宮」の宮号で4年間祀られた。その後、天照大神は伊勢神宮内宮に、豊受大神は外宮に遷座したことから「元伊勢」と呼ばれる。両大神遷座後の養老3(719)年、丹後・丹波地方を開拓した天孫・彦火明命を主祭神に現社地へ遷座し、社名を「籠宮」とした。本殿は伊勢神宮と同様の神明造りで、規模・様式・装飾とも内宮正殿に近似。神宮との深いゆかりがうかがえる。奈良時代以降丹後国一宮で同国の総社を兼ねたと伝わる。平安時代は延喜式名神大社に列せられた。

祭神　彦火明命(ひこほあかりのみこと)	所在地	京都府宮津市大垣430
	TEL	0772・27・0006
	料金	参拝無料
	見学時間	7:30〜17:00(12〜2月は〜16:30、授与所は8:30〜)
御朱印情報 ▶ P140	休み	なし
	アクセス	近鉄「宮津」駅からバスにて約50分、バス停「元伊勢籠神社」からすぐ

1

2

3

TOPICS

平安時代より丹後に伝わる
京都府無形文化財の舞を奉納

毎年4月の「葵祭」では、神輿渡御のほか神楽や獅子舞が奉納される。大勢の青年が空を切るように太刀を回し、囃子に合わせて舞う「太刀振り」は圧巻だ。

1.高さ約7m、恵那石製の一の鳥居。2.平成13(2001)年造営の二の鳥居。神門前の石造狛犬は鎌倉時代の作と伝わる重要文化財。天橋立で暴れたため、前脚を切ったという伝説がある。3.本殿高欄に五色(青・黄・赤・白・黒)の座玉(すえたま)があるのは伊勢神宮正殿と当社だけ。

おすすめ立ち寄りスポット

天橋立
あまのはしだて

日本三景の一つ。全長約3.6kmの砂地に約6700本の松並木が広がる。公園には史跡も多数。🏠宮津市文殊天橋立公園

天橋立ワイナリー
あまのはしだてわいなりー

天橋立を望む海辺で、国産生ぶどう100%のワインを製造・販売する。パン工房、レストランも併設。🏠宮津市国分123

住吉大社

すみよしたいしゃ

厄除け　安産　海上守護

海の神・住吉大神を祀る
全国約2300社の総本社

海の神・住吉大神（すみよしのおおかみ）の神助を得て、新羅遠征で勝利した神功皇后（じんぐうこうごう）に神託が下り、大神の和魂（にぎみたま）（神霊の穏和な側面）を祀ったのが創祀と伝わる。住吉大神は、伊弉諾尊（いざなぎのみこと）が海で禊祓（みそぎはらえ）した時に生まれた三神で、海上安全の守護神、祓の神として古来、海民や航海関係者が信仰。遣隋使や遣唐使が渡航前に参拝し、江戸時代は北前船の船頭らが参詣した。

本殿4棟はすべて西（大阪湾）向きに鎮座。縦1列に並ぶ第一〜第三本宮に底筒男命（そこつつのおのみこと）、中筒男命（なかつつのおのみこと）、表筒男命（うわつつのおのみこと）の住吉三神をそれぞれ祀り、第三の横の第四本宮に神功皇后を奉斎。4棟とも古代の建築様式・住吉造で妻入式切妻造、心御柱（しんのみはしら）がなく、内部は2室に分かれる。檜皮葺き屋根に載る千木は第四本宮のみ先端が内削ぎで女神を表し、ほか3棟は外削ぎ。式年遷宮は奈良時代から20年ごと、戦国時代以降は不定期に行われ、現本殿は文化7（1810）年の造営。国宝指定後は、塗り替えや修繕により古来の姿を伝えている。

1

2

祭神	底筒男命（そこつつのおのみこと）	所在地	大阪府大阪市住吉区住吉2-9-89
	中筒男命（なかつつのおのみこと）	TEL	06·6672·0753
	表筒男命（うわつつのおのみこと）	料金	参拝無料
	息長足姫命（神功皇后） （おきながたらしひめのみこと（じんぐうこうごう））	見学時間	6:00〜17:00（10〜3月は6:30〜、授与所は9:00〜）
		休み	なし
御朱印情報 ▶ P140		アクセス	南海鉄道「住吉大社」駅から徒歩約3分

3

4

1.住吉造の本殿（国宝）。本殿4棟はほぼ同じ形、大きさ。2.本宮は3殿縦列、2殿並列の独特な配列。3.平成23（2011）年の式年遷宮で塗り替えられ、色鮮やかな本殿。4.豊臣秀頼の母・淀君が慶長年間（1596〜1615年）に奉納したという反橋。

聖地や名所は必見!
大阪のパワースポットと
名高い約10万㎡の境内

反橋
そりはし

渡るだけでお祓いになる住吉の象徴

最大傾斜約48度、神池に架かる住吉の象徴。実際の欄干と池に映る朱色が円を描くため、別名「太鼓橋」。石造橋脚は約400年前の造営時のままと伝わる。

五所御前
ごしょごぜん

五大力を授かる祭神降臨の伝承地

住吉大神降臨と伝わる聖地。「五」「大」「力」と書かれた石を探し、3個1組でお守りにすると、体力・智力・財力・福力・寿力を授かり願い事がかなうという。

大海神社
だいかいじんじゃ

海幸山幸神話の海神を祀る"別宮"

海神・豊玉彦命とその娘・豊玉姫命を祀る摂社で延喜式内社。本社と同じ住吉造の本殿、渡殿、幣殿と、全社殿が宝永5(1708)年造営で、西門とともに重要文化財。

旅情を味わうモデルコース

住吉大社の周辺めぐりはもちろん、天王寺で定番スポットも満喫
路面電車「阪堺電車」で移動すれば車窓観光も楽しめる

住乃江味噌 池田屋本舗
すみのえみそ いけだやほんぽ

名物は食べる味噌
創業490余年の老舗

国の登録有形文化財の建物で
営む味噌店。味噌に砂糖とゴ
マを混ぜた「住乃江味噌」は、
かつて天皇に献上された逸品。

☎06・6671・4845 ⊕ 大阪市住吉区住
吉1-9-22 ⏰ 11:00〜17:00 ⑰ 水（日は
不定休）

住吉公園
すみよしこうえん

住吉大社旧境内地が
緑あふれる憩いの場に

明治6（1873）年に開設された、
大阪で最も古い公園。鎌倉時
代に住吉大社に奉納されたと
いう日本最古の灯台が現存す
る。

☎06・6671・2292 ⊕ 大阪市住之江区
浜口東1-1-13 ⏰ 入園自由

天王寺公園
てんのうじこうえん

写真提供：(公財)大阪観光局

通天閣を望む
都会のオアシス

「大坂の陣」の舞台だった茶臼
山や、動物園、庭園など見どこ
ろ豊富。カフェやレストラン併
設の芝生広場「てんしば」も。

⊕ 大阪市天王寺区茶臼山町 ⏰ 7:00
〜22:00 ⑰⑱ 入園自由※一部施設
は異なる

新世界
しんせかい

写真提供：(公財)大阪観光局

ど派手な看板や
ビリケンさん像も注目

通天閣周辺に広がる繁華街。
串カツやたこ焼きなど大阪なら
ではのグルメが味わえる飲食店
やみやげ店が軒を連ねる。

⊕ 大阪市浪速区恵美須東 ⏰⑰ 店舗
により異なる

Model course

阪堺電車住吉鳥居前駅
↓ 徒歩すぐ
住吉大社
↓ 徒歩2分
住乃江味噌 池田屋本舗
↓ 徒歩10分
住吉公園
↓ 阪堺電車18分＋徒歩13分
天王寺公園
↓ 徒歩10分
新世界
↓ 徒歩3分
阪堺電車恵美須町駅

TOPICS

古来続く
「御田植神事」で
五穀豊穣祈願

古式ゆかしく盛大に
行われる住吉大社の
御田植神事。替植女
による田植えの間、
御田中央の舞台では
八乙女による舞や、
童女が「心」の字を
書くように踊る住吉
踊など華やかな舞が
次々と披露される。

035

坐摩神社

いかすりじんじゃ

住居守護　旅行安全　安産

社殿は昭和20(1945)年の大阪大空襲で焼失。14年後に鉄筋コンクリート造で再建

大阪のオフィス街に鎮座
船場の氏神、通称ざまさん

祭神・坐摩大神（いかすりのおおかみ）は5柱（生井神、福井神、綱長井神、阿須波神、波比岐神）の総称。坐摩は居住地を守る「居所知」に由来し、宮城の守護神として宮中に祀られた。神功皇后（じんぐうこうごう）が新羅から帰還の際、後に「渡辺津」（わたなべのつ）と呼ばれる天満橋付近に祀ったのを創祀とし、神功皇后が安産祈願をしたと伝わる。天慶2(939)年以降は「祈雨11社」に列し、雨乞い祈祷を行った。大坂城築城に伴い、寛永年間（1624〜44年）に現在地に遷座。元の鎮座地が渡辺姓の発祥地で、宮司家・渡辺氏とともに地名も移った。遷座地の船場は各種問屋が集い、大阪経済の中心として発展。繊維業や陶器業の守護神も境内に鎮座する。

祭神　坐摩大神(いかすりのおおかみ)	所在地　大阪府大阪市中央区久太郎町4丁目渡辺3
	TEL　06・6251・4792
	料金　参拝無料
	見学時間　7:30〜17:30（土日祝は〜17:00）
	休み　なし
御朱印情報 ● P140	アクセス　大阪メトロ「本町」駅から徒歩約3分

1

2

3

TOPICS

**心を込めて手入れした
梅雨の境内を彩るアジサイ**

都会の中心地にありながらアジサイが咲き誇る坐摩神社。約20年前から神職らによる手入れを続けており、毎年5〜6月にかけて約30種、約300株が花開く。

1.大鳥居の両側に小さい鳥居を組み合わせた珍しい三ツ鳥居。2.境内の繊維神社は古手屋（古着屋）で栄えた船場の守護神。デパート「そごう」も当社南隣の古手屋が起源。3.境内社の火防（ひぶせ）陶器神社。天井に各地の陶芸作家が寄進した18枚の額皿が飾られている。

おすすめ立ち寄りスポット

道頓堀
どうとんぼり

巨大な看板が立ち並ぶ繁華街。食べ歩きやみやげ探しが楽しめる。クルーズも人気。⊕ 大阪市中央区道頓堀

写真提供:(公財)大阪観光協会

大阪中之島美術館
おおさかなかのしまびじゅつかん

令和4(2022)年開館。大阪ゆかりの作家の絵画や、国内外の多彩な作品を所蔵。⊕ 大阪市北区中之島4-3-1

枚岡神社

ひらおかじんじゃ

家内安全 ｜ 開運笑福（招福） ｜ 開運厄除け ｜ 縁結び

右奥から2殿・比売御神、1殿・天児屋根命、4殿・経津主命、3殿・武甕槌命を祀る本殿

4殿連なる本殿が色鮮やか
中臣氏の祖神を祀る元春日

　神武東征の際、天種子命が神津嶽に天児屋根命とその后・比売御神を祀ったのが創祀という。白雉元（650）年に現在地に遷座。神護景雲2（768）年に春日大社（P92）に分祀されたことから、「元春日」とも呼ばれる。その後、宝亀9（778）年に同社から武甕槌命と経津主命が分祀され、4柱が祭神となった。主祭神の天児屋根命は祝詞の神で、宮廷祭祀を司る中臣氏・藤原氏の祖神としても崇敬された。社殿は焼失・再建を重ね、現本殿は文政9（1826）年、氏子による造営。社殿等の大改修「平成令和の大造営」を令和2（2020）年に終え、4棟が並列する「枚岡造」の本殿は極彩色も鮮やかによみがえった。

祭神	天児屋根命 (あめのこやねのみこと)	所在地	大阪府東大阪市出雲井町7-16
	比売御神 (ひめみかみ)	TEL	072・981・4177
	武甕槌命 (たけみかづちのみこと)	料金	参拝無料
	経津主命 (ふつぬしのみこと)	見学時間	参拝自由
		休み	なし
御朱印情報 ▶ P140		アクセス	近鉄「枚岡」駅からすぐ

1

2

3

TOPICS

約150年の歴史ある「枚岡梅林」に よみがえった梅のかおり

明治時代から親しまれた境内の「枚岡梅林」。ウイルス感染のため平成29（2017）年までに全て伐採されたが、令和3（2021）年に梅の木約200本が植えられ復活した。

1.入母屋造り平入りの拝殿は明治12（1879）年造営。平成の修造で屋根は檜皮葺きから銅板葺きに。2.武甕槌命が神鹿に乗って旅立った故事にちなみ、弘化3（1846）年作の「なで鹿」が左右に鎮座。3.二の鳥居は平成令和の大造営で解体修復、平成30（2018）年完成。

おすすめ立ち寄りスポット

石切劔箭神社
いしきりつるぎやじんじゃ

「いしきりさん」と親しまれ、腫れ物や病気を治すご利益で知られる古社。お百度参りでも有名。🈁
東大阪市東石切町1-1-1

写真提供:(公財)大阪観光局

生駒山
いこまやま・いこまさん

東大阪市と奈良県生駒市にまたがる標高642mの山。ハイキングコースに寺や史跡、花の名所、山頂には遊園地がある。

大鳥大社

おおとりたいしゃ

（総合運）（勝運）（厄除け）（仕事運）（金運）

明治42（1909）年再建の本殿。大社造の発展形「大鳥造」の独特な形式

日本武尊・白鳥伝説が残る
全国の大鳥信仰の総本社

　祭神は日本武尊。記紀によれば、日本武尊は熊襲や東夷を平定後、伊吹山で病を得、伊勢国能褒野で逝去。その魂は白鳥となり各地を巡り、最後に舞い降りた地は一夜にして種々の樹が生い茂ったという。この伝説の地に尊を祀ったのが創祀とされ、神域は「千種の杜」と呼ばれる。もう1柱の祭神・大鳥連祖神は天児屋根命と伝わる。

　延喜式名神大社で、文武の神として特に武家の崇敬を集めた。切妻造妻入りの本殿は入り口が正面中央、内部に心御柱がない独特の大鳥造。社殿は焼失・再興を繰り返し、直近では平成30（2018）年の台風で激しく損傷。4年後に修復・復興工事を完了した。

祭神	日本武尊(やまとたけるのみこと)	所在地	大阪府堺市西区鳳北町1-1-2
	大鳥連祖神(おおとりのむらじおやがみ)	TEL	072·262·0040
		料金	参拝無料
		見学時間	5:30〜18:00(10〜3月は6:00〜、授与所は9:00〜16:30)
		休み	なし
御朱印情報 ▶ P140		アクセス	JR「鳳」駅から徒歩約5分

1

2

3

TOPICS

**キラキラ輝く未来が見える?
「先が見通せる御守」**

仕事や学業、スポーツ、恋愛など全てにおいて神の導きがいただけるとして人気の、透明のお守り。光に当たると菊の紋や繊細な花々のイラストが光り輝く。

1.樹齢600年を超える御神木「根上りの大楠」ほか、種々の樹木が約5万㎡もの境内を覆う「千種の杜」。八角形の柱が特徴の二の鳥居は台風で倒壊し、令和2(2020)年再建。2.一の鳥居。3.式内社・境内摂社の大鳥美波比(おおとりみはひ)神社。

おすすめ立ち寄りスポット

百舌鳥古墳群
もずこふんぐん

日本最大の前方後円墳である仁徳天皇陵古墳など、44基の古墳が現存する世界遺産。🏠堺市堺区大仙町

堺市役所21階展望ロビー
さかいしやくしょ21かいてんぼうろびー

地上約80mから、堺市内を360度見渡せる。六甲山や金剛山、あべのハルカスなどが見られる日も。🏠堺市堺区南瓦町3-1

写真提供:(公財)大阪観光局

041

大神神社

おおみわじんじゃ

総合運

拝殿は寛文4(1664)年、徳川家綱の造営。切妻造で檜皮葺き屋根に唐破風の向拝付き

御神体山・三輪山を直接礼拝
古神道が息づく最古社の一つ

　大国主神が国造り成就のため、三輪
山に大物主大神を祀ったという記紀の
神話が創祀の由来。三輪山は古来信仰
の山で神が宿る磐座が3座あり、頂上に
大物主大神、中腹に大己貴神、麓に少彦
名神が鎮座すると伝わる。当社は山その
ものを御神体とし、本殿を設けず、拝殿
から直接礼拝。原始神道の姿を今に伝

えている。拝殿の奥は禁足地で、結界と
して、明神型鳥居を横一列に3つ組み合
わせた独特の三ツ鳥居が立つ。

　延喜式名神大社・大和国一宮で、産業
開発、治病、造酒など、人間生活全般の
守護神として崇敬され、中世は神仏習合
の「三輪流神道」が全国に普及。江戸幕
府からも格別の保護を受けた。

祭神	大物主大神（おおものぬしのおおかみ）	所在地	奈良県桜井市三輪1422
		TEL	0744・42・6633
		料金	参拝無料
		見学時間	参拝自由
		休み	なし
御朱印情報 ▶ P140		アクセス	JR「三輪」駅から徒歩約5分

1

2

3

TOPICS

**数多くの考古遺物から
大和の文化発祥地・三輪を知る**

宝物収蔵庫では、三輪山麓から出土した古代祭祀にまつわる遺物や、国指定重要文化財の木楯など多数の宝物を収蔵・展示する。毎月1日と土日祝に開館。

1.大物主大神の化身・白蛇がすむという御神木・巳の神杉。2.三輪山を背後にそびえる高さ32mの大鳥居は昭和61（1986）年造営。3.大物主大神の子孫・大直禰子（おおたたねこ）を祀る摂社。社殿は室町時代の改築で、大神神社の神宮寺として創建された奈良時代の部材が残る。

おすすめ立ち寄りスポット

てのべたかだや
てのべたかだや

そうめん発祥の地・三輪の老舗製造元が営む専門店。好きなつゆや麺を選んで食べられる。🏠桜井市芝374-1

安倍文殊院
あべもんじゅいん

大化元（645）年創建。本尊は日本最大（約7m）の国宝・文殊菩薩。秘宝を納める金閣浮御堂などが見どころ。🏠桜井市阿部645

日前神宮 國懸神宮

ひのくまじんぐう くにかかすじんぐう

総合運　縁結び

日前神宮は境内西側に鎮座。全国で唯一、同じ境内に大社2社が並んで鎮まる

天岩戸神話の宝鏡が御神体
同じ境内に並び鎮まる2社

創祀は天岩戸開き神話に由来。天照大御神にため、八咫鏡に先立って造られた2つの宝鏡・日像鏡と日矛鏡が、天道根命によって紀伊国に祀られたのを当宮の起源とする。日前神宮は日像鏡を御神体とし、その神霊・日前大神が主祭神、同様に國懸大神を祀る國懸神宮は日矛鏡が御神体である。垂仁天皇16(前14)年に現在地に遷座。三種の神器・八咫鏡に次ぐ宝鏡を祀るため、伊勢神宮と並び称され、古くから朝廷の崇敬を受けた。社殿は境内に並んで鎮座。戦国時代に荒廃したが、紀州藩主の徳川頼宣により再興。大正時代の改修により現在の姿になった。両宮を合わせ、「日前宮」の愛称で親しまれている。

祭神 **日前大神**(ひのくまのおおかみ)	
國懸大神(くにかかすのおおかみ)	

所在地	和歌山県和歌山市秋月365
TEL	073・471・3730
料金	参拝無料
見学時間	8:00〜16:40(最終入場)
休み	なし
アクセス	和歌山電鐵「日前宮」駅からすぐ

御朱印情報 ▶ P140

1

2

3

TOPICS

**夕刻から行われる
幽玄の世界「日前宮薪能」**

御神前に奉納される神事能で、神楽殿を開放して厳かな舞が繰り広げられる。毎年7月26日だったが、令和6(2024)年より4月8日に開催。

1.國懸神宮は境内東側に鎮座。2.國懸神宮本殿。日前神宮の本殿と全く同様の形式。両宮とも現社殿は大正時代に官幣大社となって改修し、大正15(1926)年に完成した。3.真っ白な太鼓橋と大鳥居が立つ社頭。二の鳥居の先に森厳な鎮守の森が広がる。

おすすめ立ち寄りスポット

和歌山城
わかやまじょう

天正13(1585)年に築城で、紀州徳川家の居城。紅葉の名所「西之丸庭園」もみどころ。🏛 和歌山市一番丁3

写真提供:(公社)和歌山県観光連盟

和歌の浦
わかのうら

万葉の和歌に詠まれた景勝地。干潟と砂嘴の絶景をはじめ、妹背山や三断橋など名所が多数。🏛 和歌山市和歌浦他

伊太祁曽神社

いたきそじんじゃ

林業守護　厄除け　航海安全

割拝殿の先にある参拝所。五十猛命を祀る本殿と2柱の妹神を祀る両脇殿が奥に鎮座

全国に植樹をした木の神様・紀伊国の祖神を祀る古社

　　主祭神の五十猛命は父の素戔嗚尊に従い、樹木の種を多数携えて降臨。妹神2柱と協力して全国に植樹し、緑豊かな国土を形成した。木の国（紀伊国）に鎮まる木の神で、紀州の祖神ともいわれる。社伝によれば、古くは日前神宮・國懸神宮（P44）の社地に祀られていた。垂仁天皇16（前14）年ごろ、現社地南東の「亥の森」に遷座。和銅6（713）年に現社地に鎮座と伝わる。本殿に主祭神、両側の脇殿に妹神の大屋津比売命と都麻津比売命を祀る。流造で檜皮葺き屋根の社殿は昭和9（1934）年の台風で損壊し、3年後に復興。平成29（2017）年改築の一の鳥居は、伊勢神宮式年遷宮で出た古材を活用している。

祭神　**五十猛命**(いたけるのみこと)		
所在地		和歌山県和歌山市伊太祈曽558
TEL		073・478・0006
料金		参拝無料
見学時間		参拝自由
休み		なし
アクセス		和歌山電鐵「伊太祈曽」駅から徒歩約5分

1

2

3

TOPICS

『古事記』の神話にちなんだ「厄難除け木の俣くぐり」

拝殿には樹齢800〜1000年といわれる御神木の杉の一部（高さ約3m）が展示されており、その木の俣（また）をくぐると災難から逃れられると伝わる。

1.木製の二の鳥居。鳥居の傍らや神橋のたもとにある石灯籠は天保年間（1831〜45年）の造営。2.中央が土間になっており、通り抜けできる割拝殿。3.朱塗りの太鼓橋がかかる神池周辺は、主祭神にふさわしく緑豊か。社域は多彩な樹木が生い茂る。

おすすめ立ち寄りスポット

和歌山県立紀伊風土記の丘
わかやまけんりつきいふどきのおか

約67万㎡の園内に古墳や移築民家、万葉植物園、復元竪穴住居、資料館などがある歴史・文化施設。🏠 和歌山市岩橋1411

道の駅 四季の郷公園 FOOD HUNTER PARK
みちのえき しきのさとこうえん ふーど はんたー ぱーく

5つのエリアに分かれた園内に、飲食店やマーケット、アスレチックなど多彩な施設が入る。🏠 和歌山市明王寺479-1

丹生都比売神社

にうつひめじんじゃ

厄除け　必勝　縁結び

四殿が並ぶ本殿(重要文化財)は室町時代の造替。一間社春日造としては最大級の規模

高野山を守護する女神を祀る
神仏習合が息づく世界遺産

　高野山麓の天野盆地に鎮座し、創建は1700年以上前と伝わる。主祭神の丹生都比売大神は、天照大御神の妹神とされ、朝廷の崇敬も篤く、紀伊山地の北西部一帯を神領としていた。空海の下へ御子神の高野御子大神と白黒の御神犬を遣わし、高野山を授けてその総鎮守となったことから、神仏融和の祈りの源泉とされる。元寇の際には、神威により蒙古の大軍を退けたとされ、幕府から国宝・銀銅蛭巻太刀拵や荘園を献じられ、紀伊国一宮となった。

　丹生都比売大神は災厄を祓う丹(赤)を司り、本殿・楼門なども鮮やかな丹塗りである。その神域は世界遺産「紀伊山地の霊場と参詣道」に登録されている。

祭神	丹生都比売大神 (にうつひめのおおかみ)	所在地	和歌山県伊都郡かつらぎ町上天野230
	高野御子大神 (たかのみこのおおかみ)	TEL	0736・26・0102
	大食都比売大神 (おおげつひめのおおかみ)	料金	参拝無料
	市杵島比売大神 (いちきしまひめのおおかみ)	見学時間	授与所8:45〜16:30、祈祷受付9:00〜15:00
		休み	なし
御朱印情報 ▶ P140		アクセス	JR「笠田」駅からコミュニティーバスにて約30分（1日5便）

1

2

3

御朱印情報 ▶ P140

TOPICS

**神輿行列が輪橋を渡る
春の大祭「花盛祭」**

祭神に花を供え、春の訪れを祝う祭り。午後には、中世に行われた「浜降り神事」を復興した神輿渡御が執り行われる。毎年4月第2日曜に開催。

1.神仏習合の影響が残る両部鳥居様式の中鳥居と禊橋。御神犬の紀州犬すずひめ号（白）と大輝号（黒）。2.明応8（1499）年造営の楼門（重要文化財）。3.豊臣秀吉の側室・淀君が寄進したと伝わる輪橋。

おすすめ立ち寄りスポット

天野の里
あまののさと

のどかな田園風景が広がる天野盆地は「にほんの里100選」に選ばれている。夏はホタル観賞も楽しめる。🚻 かつらぎ町上天野

写真提供：(公社)和歌山県観光連盟

花園あじさい園
はなぞのあじさいえん

高野龍神スカイライン沿いにあり、見頃を迎える7月には約3500株のアジサイが咲く。🚻 かつらぎ町花園久木364-26

写真提供：(公社)和歌山県観光連盟

出石神社

いずしじんじゃ

国土開発 　土木 　安産

舞殿形式の拝殿は入母屋造の平入り。身舎の屋根とは独立した向拝が付く珍しい造り

祭神は但馬開拓の祖・天日槍命
渡来神を祀る唯一の一宮

　新羅国の皇子・天日槍命と、天日槍命が招来した神宝8種を伊豆志八前大神として祀る。かつて、但馬地方は泥の海で、渡来した天日槍命が岩山を切り開いて肥沃な大地に変えたという伝説があり、但馬の治水や国土開発の祖神、土木の神として崇敬を集める。創建は不詳だが、奈良時代（710〜794年）には既に山陰地方有数の大社だったと推察され、平安時代には、8座の神々全てが延喜式神名帳に「名神大」と記された。

　何度かの焼失や荒廃から復興し、現社殿群は大正3（1914）年に再建された。拝殿の向拝は珍しい造りで、身舎の屋根とは独立し、平部分に唐破風が付いた出桁造りとなっている。

祭神	**天日槍命**（あめのひぼこのみこと） **伊豆志八前大神** （いずしやまえのおおかみ）	所在地　**兵庫県豊岡市出石町宮内99**
		TEL　**0796・52・2440**
		料金　**参拝無料**
		見学時間　**参拝自由**
		休み　**なし**
		アクセス　**JR「豊岡」駅からバスにて約25分、バス停「鳥居」から徒歩約10分**

1

2

3

**「絵馬堂」のベンチに座り
森を眺めてひと休み**

約2万㎡ある境内には本殿や拝殿のほかに絵馬堂があり、参拝のひと休みに立ち寄れる。ベンチに座って鎮守の森を眺めるのもおすすめだ。

1.三間社流造の本殿。前面に幣殿・祝詞殿と続く。本殿東には玉垣で囲まれた古来の禁足地がある。2.八脚門の神門は蟇股（かえるまた）の装飾や丹塗りの色が華やか。出石川から出土した、平安時代の鳥居の一部を展示。3.二の鳥居は木製の両部鳥居。

おすすめ立ち寄りスポット

出石城跡
いずしじょうせき

隅櫓や登城門、登城橋が復元され、城下町・出石のシンボルに。周辺には出石名物「皿そば」の店などもある。🏠豊岡市出石町内町

出石永楽館
いずしえいらくかん

大正時代の姿を再現した近畿最古の芝居小屋。興行がない日は一般公開されている。🏠豊岡市出石町柳17-2

粟鹿神社

あわがじんじゃ

厄除け　交通安全

スギやヒノキの社叢（しゃそう）に囲まれた拝殿は入母屋造の銅板葺き。奥に流造の本殿が鎮座

国家平癒に霊験を発揮
勅使参向の歴史をもつ古社

　但馬国最古の神社とされる延喜式名神大社。創祀は不詳だが、紀元前の崇神天皇の時代からの記録が残り、景行天皇の熊襲制圧に際し、勅令で社殿が造営されたと伝わる。飢饉や疫病、元寇など、国家の大難に際して勅使参向が4度あり、勅使門を造営。以降、明治時代まで毎年大祭に勅使が参向された。

　主祭神は現在、大国主命（おおくにぬしのみこと）の子で、粟鹿山の荒ぶる神・天美佐利命（あめのみさりのみこと）、日子坐王命（ひこいますのおおきみのみこと）、彦火火出見命（ひこほほでみのみこと）の3柱。日子坐王命は四道将軍の一人として、丹波一円を征定。本殿後方の円墳は日子坐王命の墳墓と伝わる。社殿は応仁の乱以後、焼失と再建を繰り返し、現社殿は明治12（1879）年に再建された。

祭神	**天美佐利命**（あめのみさりのみこと）	
	日子坐王命（ひこいますのおおきみのみこと）	
	彦火火出見命（ひこほほでみのみこと）	

所在地	兵庫県朝来市山東町粟鹿2152
TEL	079·676·2465
料金	参拝無料
見学時間	9:00〜17:00
休み	なし
アクセス	JR「和田山」駅から車で約20分

御朱印情報 ▶ P141

1

2

3

TOPICS

**朝来市の文化財にも指定
「木造箸色狛犬像」**

隨神門に安置されている木造狛
犬は、背筋の後半が湾曲してい
ることから江戸時代前期の作と
推定されている。力強い表情で、
日々参拝客を迎えている。

1.応仁の乱で戦禍を免れた
勅使門。切妻造で檜皮葺き
だったが、現在は銅板葺き。
門扉左右にある鳳凰の彫刻
は江戸時代の彫師・左甚五
郎の作。2.切妻造で瓦葺き
の随神門。正面左右に随神
像、境内側の左右に木造狛
犬を安置。3.社頭。参道の
先に勅使門、随神門が立つ。

おすすめ立ち寄りスポット

竹田城跡
たけだじょうあと

雲海に浮かぶ姿が「天空
の城」ともよばれる人気の
山城。壮大な石垣遺構を
見学できる。🏠 朝来市和
田山町竹田古城山169

道の駅 但馬のまほろば
みちのえき たじまのまほろば

但馬牛を味わえるレスト
ランや、新鮮な農作物な
どが並ぶ産直所、特産品
コーナーなどがある。🏠 朝
来市山東町大月92-6

伊弉諾神宮

いざなぎじんぐう

縁結び　安産

入母屋造の拝殿は明治15（1882）年に再建。後に銅板葺きに改築された

伊弉諾大神の終焉の地に
国生み神話の大神2柱を祀る

　淡路島は、記紀冒頭の神話「国生み・神生み」で、伊弉諾大神と伊弉冉大神により最初に誕生。2柱の大神は続いて島々を生み、日本列島を形成後、万物を司る神々を生み出す。神功を遂げた伊弉諾大神は、御子の天照大神に国家統治を委ね、最初の地・淡路島へ帰還。多賀の地に「幽宮」を構え、余生を過ごしたと

いう。その住居跡を神陵とし、創祀したのが当宮の起源とされる。

　平安時代は延喜式名神大社、淡路国一宮で、現在も「一宮さん」と親しまれる。現在の建造物の多くは明治時代に約20年かけた大造営によるもの。伊弉諾大神と伊弉冉大神の2柱を祀る本殿は明治12（1879）年の再建である。

祭神	伊弉諾大神〈いざなぎのおおかみ〉
	伊弉冉大神〈いざなみのおおかみ〉

所在地	兵庫県淡路市多賀740
TEL	0799·80·5001
料金	参拝無料
見学時間	参拝自由（社務所は9:00～17:00）
休み	なし
アクセス	神戸淡路鳴門自動車道「津名一宮IC」から車にて約5分

1

2

3

1.三間社流造で向拝付きの本殿は明治12（1879）年造営。2年後に、伊弉諾大神の神陵地前方から後方の現在地に移築。2.大鳥居は平成7（1995）年の阪神・淡路大震災により倒壊し、同年秋に再建。3.2株の木が合体した御神木「夫婦の大楠」。

TOPICS

**毎月22日夜に行われる
ライトアップと創生国生み神楽**

伊弉諾神宮では毎月22日を夫婦の日と定め、夜間特別参拝を開催。語り部の案内や特別参拝祈願、神楽鑑賞などがあり、1人7000円（せきれいの里で受付）。

おすすめ立ち寄りスポット

せきれいの里
せきれいのさと

伊弉諾神宮の境内にあり、夫婦をテーマにしたオリジナル商品や地元の特産品などを販売。語り部の案内も行っている。

五斗長垣内遺跡
ごっさかいといせき

弥生時代後期に鉄器づくりを行っていたとされるムラの跡。復元した竪穴建物や鉄器工房などがある。
淡路市黒谷1395-3

皇室から庶民まで信仰する"やわたのはちまんさん"

石清水八幡宮

いわしみずはちまんぐう

祭神　応神天皇(おうじんてんのう)　比咩大神(ひめおおかみ)　神功皇后(じんぐうこうごう)

寛永11(1634)年に造替された社殿。八幡造の本殿と、前面に連なる幣殿や舞殿などを廻廊で囲んでいる

清和天皇の時代の貞観元(859)年、南都大安寺の僧であった行教が八幡大神を豊前国の宇佐八幡宮から男山に勧請し、男山の峰に御神霊を奉安したのがはじまり。翌貞観2(860)年には、朝廷が創建した社殿に祀られた。国家鎮護の社として皇室からの崇敬が厚く、伊勢神宮とともに国家第二の宗廟として重要な神社と位置付けられてきた。明治初めには官幣大社に列せられ、「男山八幡宮」と改称されたが、大正7(1918)年に創建以来由緒深い「石清水」の社号を冠した現社名に改称された。平成28(2016)年には、本社10棟が国宝に指定。古代の社殿様式の中に近世的な装飾も兼ね備えた神社建築が高く評価されている。

☎075・981・3001 🏠京都府八幡市八幡高坊30 🕐6:00〜18:00(授与所・祈祷受付は9:00〜16:00) 🈂無休
アクセス:石清水八幡宮参道ケーブル「ケーブル八幡宮山上」駅から徒歩約5分

中国

鳥取県	岡山県	広島県
宇倍神社	吉備津神社	備後一宮 吉備津神社
島根県	吉備津彦神社	素盞嗚神社
出雲大社／熊野大社	石上布都魂神社	嚴島神社
物部神社	中山神社	**山口県**
隠岐國壱宮 水若酢神社		玉祖神社
由良比女神社		長門國一宮 住吉神社

宇倍神社

うべじんじゃ

総合運　仕事・学業運　金運　長寿　子育て

明治17(1884)年再建の拝殿。本殿は明治31(1898)年に再建され、翌年、武内宿禰命の像とともに5円紙幣の図柄になった

360余年生きた伝説の神を因幡国の昇天の地に祀る

多くの古歌に詠まれた稲葉山の麓、因幡国の中心に鎮座。鳥取県唯一の延喜式名神大社、因幡国一宮として崇敬を集める。伝承によると創建は大化4(648)年。当地の古代豪族で、当社の神官家・伊福部氏の祖神を祀ったのを起源とする説がある。祭神の武内宿禰命は大和朝廷で5代の天皇に仕え、360余歳まで生きたという伝説上の人物。昇天の地とされる亀金岡が本殿裏にある。

壮麗を極めたという中世の社殿は、羽柴秀吉の鳥取城攻略により全焼、江戸時代に再興し、歴代鳥取藩主から崇敬・庇護を受けた。現在の社殿は武内宿禰命の像とともに紙幣の図柄になったため、金運のご利益でも知られる。

祭神　武内宿禰命		
〈たけのうちのすくねのみこと〉	所在地	鳥取県鳥取市国府町宮下651
	TEL	0857·22·5025
	料金	参拝無料
	見学時間	9:00～17:00（祈祷受付は～16:00）
	休み	なし
御朱印情報 ▶ P141	アクセス	JR「鳥取」駅からバスにて約15分、バス停「宮ノ下」から徒歩約7分

1

2

3

TOPICS

**約350年の歴史を持つ
国指定重要無形民俗文化財**

毎年4月の例大祭で奉納される「麒麟獅子舞」。因幡・但馬地域に伝わる伝統芸能で、朱色の衣装に麒麟を模した一本角の獅子頭を被って舞う。

1.社号標と鳥居。鳥居をくぐると石段の参道が続く。2.祭神・武内宿禰命は履（くつ）を遺して昇天したとされ、その霊石「双履（そうり）石」が残る。双履石の下は竪穴式石室の古墳。3.大正7（1918）年に近隣の6社を合祀し、祭神10柱が祀られた境内社「国府（こう）神社」。

おすすめ立ち寄りスポット

旧美歎水源地水道施設
きゅうみたにすいげんちすいどうしせつ

大正時代に建設されたダムや洋風建築が現存する国指定重要文化財。展示や周遊路などもある。🏠鳥取市国府町美歎698-2

鳥取藩主池田家墓所
とっとりはんしゅいけだけぼしょ

初代鳥取藩主・池田光仲をはじめ歴代藩主らの墓碑78基や、260基余の灯籠が並ぶ。🏠鳥取市国府町奥谷、宮下

写真提供:鳥取県

出雲大社

いづもおおやしろ

総合運　美容・健康運　縁結び　仕事・学業運　金運　安産

全国から八百万の神が集い
縁結びの神を祀る神話の舞台

　由緒は、天の国・高天原(たかまがはら)の神々が、地上の国(日本列島)を大国主大神(おおくにぬしのおおかみ)から受け継ぐ「国譲り」神話に基づく。大国主大神が条件として求めた巨大な宮殿の造営が、創建とされる。古代からの社名は「杵築大社(きづきのおおやしろ)」で、明治時代に現社名に変更。祭神・大国主大神は縁結びの神として崇敬を集める。

　本殿(国宝)は三重の垣根に守られ、八雲山の麓に鎮座。日本最古の神社建築様式の一つ、切妻・妻入りの大社造で、檜皮葺きの屋根から千木が天に向かう。長い歴史の中で遷宮を重ね、現在の本殿は延享元(1744)年に造営された。高さは約24mだが、社伝に約48m(最古は約96m)とあり、その伝承を裏付ける巨大柱が近年発見された。拝殿の注連縄(しめなわ)は長さ6.5m、重さ1トンと大規模で、通常とは張り方が左右逆。二礼四拍手一礼の参拝作法や旧暦10月の呼称「神在月(かみありづき)」(出雲以外は神無月(かんなづき))など、独特の特徴がある。神在月に全国から八百万(やおよろず)の神々が集うという伝承は有名だ。

1

2

祭神　大国主大神（おおくにぬしのおおかみ）	
所在地	島根県出雲市大社町杵築東195
TEL	0853·53·3100
料金	参拝無料
見学時間	6:00〜19:00（宝物殿は8:30〜16:30）
休み	なし
アクセス	一畑電車「出雲大社前」駅から徒歩約5分

3

4

1.拝殿は正面から本殿を望めるように配置。**2.**正門「勢溜（せいだまり）」の大鳥居は平成30（2018）年建て替え。**3.**神域の荒垣正門に立つ「銅鳥居」は寛文6（1666）年に毛利綱広が寄進。**4.**江戸時代初期に整備された松並木の参道「松の馬場」。

日本最大級の注連縄や
巨大柱、ウサギ像など、
見どころ多彩な境内巡り

神楽殿

かぐらでん

大スケールの注連縄が目を引く

祈祷や結婚式ほか、各種祭事を行う神楽殿は昭和56(1981)年に建て替え。数年に1度掛け替える大注連縄は長さ約13m、重さ5.2トンと迫力も美しさも圧倒的。

鎌倉時代の宇豆柱・心御柱

かまくらじだいのうずばしら・しんのみはしら

昔は巨大神殿という伝承の裏付け

約20年前の調査で境内から巨大柱が出土。社伝で高さ48mという本殿を支えた鎌倉時代の柱と推定される。境内の丸印は宇豆柱の出土場所、心御柱は神祜(宝物)殿に展示。

ウサギ像

うさぎぞう

神話にちなんだ白ウサギ像が点在

瑞垣の外から本殿を見上げるウサギの石像。大国主大神が赤裸のウサギを助けた神話「因幡の素兎」をモチーフにした青銅像のほか、境内に66羽のウサギ像がある。

旅情を味わうモデルコース

神話のふるさと、出雲には名物グルメや
パワーがもらえそうな絶景スポットが満載

ご縁横丁
ごえんよこちょう

門前・神門通りに
出雲名物がそろう

出雲そばやぜんざいが食べられる飲食店や、神話ゆかりの勾玉グッズを販売するみやげ店などが集結。参拝後の休憩にも。

☎0853・31・4586 ⊕出雲市大社町杵築南840-1正門前 ⌚9:00〜18:00(冬期は〜17:00) ⊗不定休

島根県立古代出雲歴史博物館
しまねけんりつこだいいずもれきしはくぶつかん

神話のふるさと・出雲の
ロマンある歴史に迫る

出雲大社の成り立ちや歴史について、境内模型などの資料を用いて解説。遺跡などから、島根の歴史を紐解く展示も。

☎0853・53・8600 ⊕出雲市大社町杵築東99-4 ⌚9:00〜18:00(11〜2月は〜17:00、最終入館は各30分前) ⊗第1・3火 ¥一般620円(企画展は展示により異なる)

稲佐の浜
いなさのはま

神迎神事が行われる
パワースポット

国譲りや国引き神話の舞台で、シンボルの弁天島には、豊玉毘古命(とよたまひこのみこと)を祀る祠がある。夕日がきれいな浜としても有名。

⊕出雲市大社町杵築北2711 ⌚⊗見学自由

出雲日御碕灯台
いずもひのみさきとうだい

真っ白な外壁が映える
日本一高い石造灯台

明治36(1903)年に設置されて以来、現在も使用されている。島根半島を一望できる展望台や資料展示室がある。

☎0853・54・5341 ⊕出雲市大社町日御碕1478 ⌚9:00〜16:30(3〜9月の土日祝は〜17:00、最終入場は各20分前) ⊗無休 ¥参観寄付金300円、灯台資料展示室無料

Model course

一畑電車出雲大社前駅
↓ 徒歩5分
出雲大社
↓ 徒歩1分
ご縁横丁
↓ 徒歩3分
島根県立古代出雲歴史博物館
↓ バス7分+徒歩7分
稲佐の浜
↓ バス21分+徒歩3分
出雲日御碕灯台
↓ バス23分+徒歩18分
一畑電車出雲大社前駅

TOPICS

**全国の神々が
一堂に会する
「神在祭」**

八百万の神が出雲に集まる「神在祭」。旧暦10月10日、全国から神々を迎え入れる「神迎(かみむかえ)神事」が行われる。稲佐の浜に降り立った神々は、出雲大社へ向かいさまざまな会議を行うと伝わる。

熊野大社

くまのたいしゃ

厄除け　五穀豊穣

大注連縄が掛けられた拝殿。奥に鎮座する大社造の本殿は昭和53（1978）年の修造

出雲大社と並ぶ出雲の古社
火の発祥地という伝承も有名

　古来、出雲大社（P60）と並び称される出雲国の大社で、延喜式では熊野坐神社を社名とする名神大社。意宇川沿いに鎮座するが、川の源流となる熊成峯（現・天狗山）山頂付近が元宮と伝わる。祭神は熊野大神櫛御気野命。素戔嗚尊の別名で、境内には素戔嗚尊が詠んだ日本最古の和歌「八雲立つ」の歌碑が立つ。素戔嗚尊が熊成峯で初めて火を起こしたことから、火の発祥の神社として「日本火出初社」とも呼ばれる。発火の神器・燧臼と燧杵は鑽火殿に保管。祭事の際に使用し、昔ながらの方式で神火を起こす。当社から燧臼・燧杵を授かるのが出雲大社の宮司就任の初仕事で、2社の関係の深さがうかがえる。

祭神　熊野大神櫛御気野命〈くまのおおかみくしみけぬのみこと〉	

所在地	島根県松江市八雲町熊野2451
TEL	0852·54·0087
料金	参拝無料
見学時間	参拝自由（授与所は8:30〜16:30、祈祷は9:00〜16:00）
休み	なし
アクセス	JR「松江」駅から車で約26分

御朱印情報 ▶ P141

1

2

3

TOPICS

**出雲大社から宮司が訪れる
毎年10月の「鑽火祭」**

新嘗祭で使用する燧臼・燧杵を出雲大社へ受け渡す「亀太夫神事」が行われる。出雲大社が納めた餅の出来栄えに文句を言いつける一風変わった儀式もある。

1.燧杵・燧臼を保管し、祭事の舞台となる鑽火殿。現社殿は平成3（1991）年造営。2.二の鳥居と三の鳥居の間に朱塗りの神橋がある。3.素戔嗚尊の母神が主祭神の摂社「伊邪那美（いざなみ）神社」。元は当社より上流の上の宮に鎮座。明治時代、近隣の19社を合祀し遷座した。

おすすめ立ち寄りスポット

島根県立八雲立つ風土記の丘
しまねけんりつやくもたつふどきのおか

周辺に古代出雲を偲ぶ古墳や遺跡などが残る。展示学習館では、遺跡から出土した資料などを展示。🏠 松江市大庭町456

安部榮四郎記念館
あべえいしろうきねんかん

「出雲民藝紙」を築いた安部榮四郎の作品をはじめ、和紙や民芸品を展示する。🏠 松江市八雲町東岩坂1754

物部神社

もののべじんじゃ

仕事・学業運　勝運　鎮魂　文武両道

拝殿の奥に鎮座する本殿は高さ約16mで、春日造としては日本最大級の規模

春日造の壮大な本殿に祀る
古代豪族・物部氏の祖神

　畿内の有力豪族・物部氏の始祖で、国土開拓に尽くし、文武両道・勝運の神と名高い宇摩志麻遅命を祀る。宇摩志麻遅命は諸国平定後、鶴の背に乗り、現社地の南東にある鶴降山に降臨し、八百山の麓に宮居を築いた伝承がある。社殿裏の円墳は祭神の墓とされる。

　当初は八百山を御神体山とし、後に勅命により継体天皇8（513）年に社殿が創建されたと伝わる。式内社および石見国一宮として崇敬されたが、戦国時代に3度焼失。現在の本殿は切妻妻入りで、身舎の庇を向拝とする春日造。宝暦3（1753）年に再建後、安政3（1856）年に改修された。火災予防を願い、千木の下に巨大な亀の彫刻がある。

祭神 宇摩志麻遅命(宇美真手命) (うましまじのみこと(うましまでのみこと))	所在地	島根県大田市川合町川合1545
	TEL	0854・82・0644
	料金	参拝無料
	見学時間	参拝自由(授与所は8:30〜17:00、社務所は〜18時)
御朱印情報 ▶ P141	休み	なし
	アクセス	JR「大田市」駅からバスにて約18分、バス停「物部神社前」からすぐ

1

2

3

TOPICS

人々の心身の健康を願う
「鎮魂祭(みたましずめのまつり)」

物部神社の起源ともいえる祭典で、宮中で行われる鎮魂祭に最も近いという。祭典前には、日本遺産登録の伝統芸能、石見神楽の奉納(写真)も行われる。

1. 平成25(2013)年造営の大鳥居。木製としては県内最大。**2.** 祭神・宇摩志麻遅命が鶴の背に乗って降臨したという伝説により、境内には鶴の像が多数。**3.** 砂金を含んだ石「富金石」で作られた手水舎。浄・勝・財・健・徳の5つの曲玉が彫られ、触るとご利益を授かるという。

おすすめ立ち寄りスポット

龍源寺間歩
りゅうげんじまぶ

世界遺産・石見銀山に残る坑道跡の一つ。江戸時代に手掘りされた跡などが見られる。🏠 大田市大森町ニ183

波根海岸
はねかいがん

美しい砂浜の海岸で、荒々しい岩肌の立神岩と、海面に突き出す立神島がシンボル。🏠 大田市波根町

隠岐國壱宮 水若酢神社

おきのくにいちのみや みずわかすじんじゃ

総合運　健康運　仕事・学業運

随神門は文化8（1811）年、銅板葺き入母屋造の拝殿は大正元（1912）年の造営

隠岐造りの本殿に祀る
日本海鎮護と隠岐開拓の神

　主祭神の水若酢命は記紀に登場しない地方神。同じ島後島の玉若酢命神社が祀る玉若酢命と兄弟神で、共に隠岐の開拓に関わり、玉若酢命は陸地、水若酢命は日本海の守護神との伝承がある。創建は不詳で、崇神天皇の時代に白鷺に乗って降臨、仁徳天皇の時代に祭神を勧請など、諸説ある。平安時代の承和9（842）年に官社となり、延喜式式内社名神大社に列し、隠岐国一宮となった。江戸時代に洪水で社殿が流失し、2年後の延宝6（1678）年に現在地に遷座。現在の本殿は寛政7（1795）年の造営で切妻造・妻入り、正面に片流れの向拝付き。向拝と身舎の屋根が連続しない独特の様式で隠岐造と呼ばれる。

祭神　水若酢命(みずわかすのみこと)	

所在地	島根県隠岐郡隠岐の島町郡723
TEL	08512・5・2123
料金	参拝無料
見学時間	8:30〜17:30
休み	なし
アクセス	隠岐空港または西郷港から車で約20分

御朱印情報 ▶ P141

1

2

3

TOPICS

隠岐三大祭りの一つ
古式ゆかしい「風流(ふりゅう)」

西暦で偶数年の5月に行われる
祭礼。「山曳神事」では、鉢巻き姿
の男児たちが、家族に手を引かれ
ながら山車を引く。浦安の舞や
流鏑馬なども奉納される。

1.二の鳥居の先に松並木の
参道が続く。2.茅葺き屋根
の本殿(重要文化財)は隠岐
特有の建築様式「隠岐造」。
3.隠岐古典相撲を行う土
俵。20年に1度の本殿屋根葺
替時の遷宮相撲では夜通し
取り組みが行われる。2番勝
負で1勝1敗にするのが特徴。

おすすめ立ち寄りスポット

ローソク島
ろーそくじま

高さ約20mの奇岩で、島
後一と評される景勝地。
頂点に夕日が重なる絶景
は、遊覧船で見られる。🏠
隠岐の島町代

写真提供:隠岐の島町役場

五箇創生館
ごかそうせいかん

隠岐古典相撲をはじめ、
島の伝統文化を学べる。
隠岐そばなどを食べられ
る喫茶店も併設。🏠隠岐
の島町郡615-1

069

由良比女神社

ゆらひめじんじゃ

海上安全

隠岐の島前3島(中ノ島、西ノ島、知夫里島)のうちの西ノ島に鎮座。当社の前に「由良の浜」が広がる

漁業・海上安全の女神
イカ寄せ伝説の浜に鎮座

　素佐之男尊の娘・須勢理毘売命と同一とされる由良比女命を祀る。延喜式名神大社で、元の祭神は和多須神(＝海童神)ともいわれる。承和9(842)年に官社となり、古典文学にも登場。漁業や海上守護の神として崇敬を集めた。一時荒廃するも江戸時代に復興。現在の社殿や境内は明治22(1889)年以降整備された。

　由良比女命が航海中、イカが手に噛み付き、お詫びに由良の浜に集まるようになったという伝説が有名。知夫里島の烏賊浜から遷座した際、イカの大群も一緒に移ったという伝承もある。実際、昭和20年代ごろまで毎年、由良の浜にイカが押し寄せていたという。イカとの関わりから「鯣大明神」の俗称もある。

祭神　**由良比女命**（ゆらひめのみこと）	所在地	島根県隠岐郡西ノ島町浦郷922
	TEL	08514・7・8888（西ノ島町観光協会）
	料金	参拝無料
	見学時間	参拝自由
	休み	なし
御朱印情報 ▶ P141	アクセス	別府港からバスにて約25分、バス停「由良比女神社」からすぐ

1

2

3

御朱印情報 ▶ P141

TOPICS

**神社前に広がる入江
「イカ寄せの浜」**

かつて冬になるとイカの大群が押し寄せたという由良の浜。浜を見張る番小屋や、手づかみやカゴを用いてイカを拾う人々を描いた看板が飾られている。

1.明治22（1889）年造営の本殿は二間社春日造変態で唐破風の向拝付き。2.唐破風の向拝付き入母屋造の拝殿。拝殿の扉や境内の石灯籠にはイカの彫刻がある。鎮守の森でもカラフルなイカモチーフの装飾が目を引く。3.一の鳥居の奥に随神門。由良の浜にも海上鳥居が立つ。

おすすめ立ち寄りスポット

摩天崖
まてんがい

海抜257m、日本有数の高さを誇る海食崖。周辺には牛馬が放牧されており、遊歩道も整備されている。🏠西ノ島町

観音岩（ローソク岩）
かんのんいわ（ろーそくいわ）

国賀海岸の海上に細長くそびえる奇岩。5・8月頃には岩の頂点に夕日が重なり、ローソクのように見える。🏠西ノ島町

吉備津神社

きびつじんじゃ

勝運　健康長寿　社運隆昌

足利義満が勅命を受け、約25年かけて応永32（1425）年に再建された本殿・拝殿（国宝）

写真提供：吉備津神社

吉備中山西麓の豪壮な社殿に
鬼退治伝説の英雄神を祀る

　『桃太郎』のモデルとされる大吉備津彦命が主祭神。記紀によれば、崇神天皇の時代に西道（山陽道）に派遣され、温羅（鬼）退治の末、吉備国を平定。吉備中山の麓に宮を築き、仁政を行ったという。草創は不詳だが、仁徳天皇の行幸の際、大吉備津彦命の宮跡に社殿造営したのを起源とする説がある。吉備国の総鎮守として栄え、西暦700年頃の三国（備前・備中・備後）分割により分祀されたことから、「三備一宮」とも称される。

　社殿は2度焼失したが、室町時代に再建。以来、本殿は解体修理なく壮麗な姿で現存。本殿・拝殿は全国唯一の比翼入母屋造で「吉備津造」とも呼ばれ、神社建築の傑作として名高い。

祭神　大吉備津彦命 （おおきびつひこのみこと）	

所在地	岡山県岡山市北区吉備津931
TEL	086・287・4111
料金	参拝無料
見学時間	5:00〜18:00（受付・授与所は9:00〜16:00、祈祷受付は〜14:00）
休み	なし（御竈殿は金曜）
アクセス	JR「吉備津」駅から徒歩約10分

御朱印情報 ▶ P141

1　　　　　　　　　　　　　　　　　　　写真提供:吉備津神社

2　　　　　　　写真提供:吉備津神社

3　　　　　　　写真提供:岡山県観光連盟

TOPICS

鬼のうめき声で吉兆を占う
全国で唯一の神事「鳴釜神事」

祭神が退治した鬼の首が埋められていると伝わる御竈殿で行う。米を炊き、釜を鳴らす鬼の声を聞いて神の答えを受け取る儀式。申し込めば誰でも受けられる。

写真提供:吉備津神社

1.本殿と境内社「本宮社」をつなぐ約400mの廻廊。両下造・本瓦葺きで一間ごとに寄進され、天正年間（1573〜92年）に再建。2.境内社「岩山宮」への参道両側に約1500株の花々が咲き誇るアジサイ園。3.大吉備津彦命が温羅との戦いで射た矢を置いたとされる「矢置岩」。

おすすめ立ち寄りスポット

備中高松城址
びっちゅうたかまつじょうし

秀吉軍による「水攻め」で落城した毛利氏の要塞。水攻め築堤跡や、武将の首塚が残る。🏠岡山市北区高松558-2

写真提供:岡山県観光連盟

造山古墳
つくりやまこふん

古代吉備王国の首長の墓と伝わる前方後円墳。全長約350m、全国で4番目の規模を誇る。🏠岡山市北区新庄下

写真提供:岡山県観光連盟

吉備津彦神社

きびつひこじんじゃ

厄除け　災い除け　五穀豊穣　武運長久　慈愛　長寿

左から拝殿、祭文殿、渡殿、本殿を一直線に配置。本殿以外は昭和11(1936)年の再建

祭神は桃太郎伝説のモデル
太陽が正面に昇る「朝日の宮」

　吉備中山西麓の吉備津神社(P72)から約2km、東麓に鎮座。吉備中山は古来、御神体山として崇められ、両社の主祭神・大吉備津日子命の御陵とされる「茶臼山古墳」がある。吉備国を平定した大吉備津日子命は昔話『桃太郎』のモデルといわれ、281歳まで生きたと伝わり延命長寿の御神徳で知られる。吉備国が備前、備中、備後に分割されると、吉備津彦神社は備前国一宮に。江戸時代には歴代岡山藩主の崇敬を受け、池田光政・綱政の父子が社殿造営に尽力。元禄10(1697)年に完成した三間社流造の本殿が今に残る。平成30(2018)年には日本遺産「「桃太郎伝説」の生まれたまちおかやま」の構成文化財に認定された。

祭神 大吉備津日子命 （おおきびつひこのみこと）	

所在地	岡山県岡山市北区一宮1043
TEL	086・284・0031
料金	参拝無料
見学時間	6:00〜18:00（授与所は8:30〜17:00、祈祷受付は9:00〜16:00）
休み	なし
アクセス	JR「吉備一宮」駅から徒歩約3分

1

2

3

写真提供:岡山県観光連盟

TOPICS

桃太郎伝説にまつわる
像や授与品に注目

昔話『桃太郎』ゆかりの吉備津彦神社。凛とした表情の桃太郎像が駐車場にたたずんでいる。授与所では、桃太郎にちなんだ桃みくじや桃守りを授与している。

1.元禄10（1697）年に完成した本殿が現存。**2.**夏至の日に鳥居の真正面から朝日が昇り、その光が社殿に差し込むことから「朝日の宮」と称される。鎮座する狛犬は備前焼。**3.**安政6（1859）年に建造・奉納された石造大燈籠。高さ11.5m、笠石8畳で日本最大級。

おすすめ立ち寄りスポット

岡山城
おかやまじょう

宇喜多秀家が築城。三層六階建ての天守の外観は黒い下見板張りで、「烏城」とも呼ばれる。🏯 岡山市北区丸の内2-3-1

写真提供:岡山県観光連盟

岡山後楽園
おかやまこうらくえん

岡山藩主・池田綱政が築いた庭園で、日本三名園の一つ。四季折々の風景や植物が楽しめる。🏯 岡山市北区後楽園1-5

写真提供:岡山県観光連盟

石上布都魂神社

いそのかみふつみたまじんじゃ

(厄除け)　(癌封じ)　(病気平癒)　(健康)　(子授け)　(学業)

大松山山頂の本宮から標高約100m下方の山腹に鎮座。現拝殿は平成5(1993)年の改築

素盞嗚命が八岐大蛇を斬った
伝説の剣にゆかりの式内社

　祭神は八岐大蛇を退治し、奇稲田姫を救った記紀の神話で有名な素盞嗚命。大蛇を斬った剣「布都魂」を奉納したのが創祀と伝わる。この剣は崇神天皇の時代、大和の石上神宮に遷されたとされ、明治時代、当宮の発掘調査で剣が出土した。素盞嗚命の剣により疫病災を断つ、癌封じなどの神徳がよく知られる。

　社地はシイの原生林が残る大松山の中腹。山頂の巨石は古来、磐座として信仰され、旧社殿も山頂にあった。由緒ある延喜式内社だが、一時荒廃。江戸時代に岡山藩主の池田光政・綱政父子が再興し、歴代藩主の崇敬を受けた。明治43(1910)年に社殿を焼失し、後に現在地に再建・遷宮された。

祭神 **素盞鳴命**(すさのおのみこと)	所在地	岡山県赤磐市石上1448
	TEL	086・724・2179
	料金	参拝無料
	見学時間	参拝自由
御朱印情報 ▶ P141	休み	なし
	アクセス	JR「金川」駅から車で約17分

1

2

3

TOPICS

**近隣の二社と合同で行う
秋の例祭「三社祭」**

毎年10月、石上布都魂神社から行列を組んで八幡神社、熊野神社へ向かい、獅子舞や棒遣いを奉納する。三社の神輿がそろうと「練り神輿」が行われる。

1.一間社流造、銅板葺きの本殿は大正4(1915)年に現在地に造営・遷座。周囲に花崗岩製の石柱が並ぶ。2.石造りの鳥居と社号標は令和元(2019)年に建造。3.山頂の旧社殿跡に祀られた本宮。周辺を禁足地とする霊域で、背後の巨石は古代から御神体として崇められてきた。

おすすめ立ち寄りスポット

おかやまフォレストパーク ドイツの森
おかやまふぉれすとぱーく どいつのもり

ドイツの農村をイメージした公園。四季の花々や動物とのふれあいが楽しめるほか、ドイツのグルメも。住 赤磐市仁堀中2006

写真提供:岡山県観光連盟

吉井城山公園
よしいしろやまこうえん

茶臼山城址に整備された公園で、展望台や復元された大型竪穴遺構がある。春には約300本の桜が咲く。住 赤磐市周匝15-6

写真提供:岡山県観光連盟

中山神社

なかやまじんじゃ

総合運 ｜ 美容・健康運 ｜ 仕事・学業運 ｜ 安産 ｜ 国家守護

農工・牛馬守護 ｜ 鍛金・冶工・採鏡守護

永禄2(1559)年、出雲国の戦国大名・尼子晴久により再建された「中山造」の本殿

本殿も鳥居も独特の造り
美作国唯一の延喜式名神大社

　慶雲4(707)年、大己貴命の宮所を中山神に譲ったことが創祀と伝わる。美作国鎮護のため、天降った中山神が鎮座したという「長良嶽の磐座」が本殿裏にあり、『今昔物語』にも記された「猿神」が祀られている。主祭神は鏡作神。三種の神器の一つ、八咫鏡を作った石凝姥神のことで、その神業を称えた別名である。

　延喜式では名神大社。鉱業や牛馬の守護神として広く信仰を集め、門前市は盛況で、特に牛馬市は全国に知られた。

　本殿は戦国時代に焼失・再建。全国でも珍しい入母屋造・妻入りで「中山造」と呼ばれ、美作地方の神社建築の規範とされた（重要文化財）。独得の大鳥居、社叢の巨木も見どころだ。

祭神	鏡作神（かがみつくりのかみ）	所在地	岡山県津山市一宮695
	石凝姥神（いしこりどめのかみ）	TEL	0868・27・0051
	天糖戸神（あめのぬかどのかみ）	料金	参拝無料
		見学時間	8:30〜16:30
		休み	なし
御朱印情報 ▶ P141		アクセス	JR「津山」駅から車で約15分

1

2

3

TOPICS

サルのぬいぐるみを奉納 猿神を祀る「猿神社」

本殿裏にある末社・猿神社。猿田彦神を祀り、牛馬の安産守護の神として信仰されている。小猿のぬいぐるみを奉納する風習が、今も残っている。

1. 入母屋造、唐破風向拝付きの拝殿は大正11（1922）年に改築。設計は江川三郎八。
2. 上の横柱（笠木）は反り、下の横柱（貫）は両柱を突き出ない「中山鳥居」。高さ約11m、寛政3（1791）年造営。
3. 神門は、津山城の二ノ丸にあった四脚薬医門を明治時代に移築。

おすすめ立ち寄りスポット

津山城（鶴山公園）
つやまじょう（かくざんこうえん）

森忠政が築いた近世城郭。山全体を囲む石垣が現存する。桜の名所としても有名。⊕津山市山下135

写真提供：岡山県観光連盟

衆楽園（旧津山藩別邸庭園）
しゅうらくえん（きゅうつやまはんべっていていえん）

津山藩二代藩主・森長継が造営した回遊式庭園。四季折々の景観が楽しめる名勝だ。⊕津山市山北628

写真提供：岡山県観光連盟

備後一宮 吉備津神社

びんごいちのみや きびつじんじゃ

総合運 健康運 縁結び 安産 厄除け

50年に1度の大規模改修を令和4(2022)年に終え、江戸時代の姿がよみがえった本殿

大改修で江戸時代の姿が復活
昇殿参拝できる「一宮さん」

備前・備中・備後への吉備国分割後、備中の吉備津神社(P72)から勧請を受け、大同元(806)年に創建と伝わる。吉備を平定・開拓した大吉備津彦命を主祭神に、その一族を配祀。備後一宮として崇敬され、「一宮さん」の愛称で親しまれている。特に厄除けの神としての信仰が厚い。社殿は何度か焼失・再営した後、慶安元(1648)年に福山藩祖・水野勝成により造替。神社建築には珍しく独立した本殿(重要文化財)で、拝殿や幣殿などと連結がない。入母屋造で、千鳥破風と軒唐破風が付き、彫刻も華やか。屋根に千木・鰹木がなく、本殿内で祭事や参拝が行われるなど、神仏習合的な特徴もある。

祭神　大吉備津彦命 （おおきびつひこのみこと）	

所在地	広島県福山市新市町宮内400
TEL	0847・51・3395
料金	参拝無料
見学時間	参拝自由
休み	なし
アクセス	JR「新市」駅から車で約5分

御朱印情報 ▶ P141

1

2

3

TOPICS

節分の夜に笑い声が飛び交う
天下の奇祭

毎年2月3日の節分祭では、神事や豆まきの後、「ほら吹き神事」が行われる。保存会のメンバーらがホラ話を披露して参拝客を楽しませる。

1.上随神門。出雲大社の集いに欠席した大吉備津彦命へ、大国主命が使者2人を派遣。2人とも備後で歓待を受けて門守になったことから、上下2基の随神門があるという。2.鳥居の先にある下随神門。3.古くは禊を行った御手洗池。池の規模も石造り太鼓橋の長さも国内トップ級。

おすすめ立ち寄りスポット

藤尾の滝
ふじおのたき

神谷川の支流、父尾川にある三つの滝からなる。主瀑の二の滝は、落差23mの大迫力。🏠 福山市新市町藤尾

廉塾ならびに菅茶山旧宅
れんじゅくならびにかんちゃざんきゅうたく

江戸時代の儒学者・菅茶山によって開かれた私塾。講堂や寮舎などが現存する。🏠 福山市神辺町川北640-3
※講堂は令和6（2024）年度末まで工事中

素盞嗚神社

すさのおじんじゃ

厄除け　病気平癒

入母屋造・瓦葺きの拝殿。敷地は蘇民将来の弟・巨旦（こたん）の屋敷跡とされる

茅の輪くぐり発祥の式内社
疫病退散の「天王さん」

　創祀は天武8（679）年、再建は寛平9（897）年と伝わる延喜式内社。人々を救うために仏様が神様に姿を変えているという「本地垂迹説」により、素盞嗚尊＝インド祇園精舎の守護神で疫病を司る牛頭天王として祀り、「天王さん」として親しまれてきた。牛頭天王（素盞嗚尊）は平安時代に当社から播磨国の廣峯神社に勧請し、廣峯神社から平安京の祇園感神院（八坂神社）に勧請されたという説がある。

　『備後国風土記』逸文にある蘇民将来伝説では、蘇民から歓待された牛頭天王が茅の輪を授け、蘇民一家だけが疫病から助かったという。茅の輪くぐりの起源で、当社が発祥地とされる。

祭神	素盞嗚尊（すさのおのみこと）	所在地	広島県福山市新市町戸手1-1
	奇稲田姫命（くしなだひめのみこと）	TEL	0847・51・2958
	八王子命（はちおうじのみこと）	料金	参拝無料
		見学時間	参拝自由
		休み	なし
御朱印情報 ▶ P141		アクセス	JR「上戸手」駅から徒歩約3分

TOPICS

**祇園祭のフィナーレ
熱気あふれる「けんか神輿」**

全国で行われる祇園祭の発祥と伝わる、毎年7月の例大祭。最終日には、3体の神輿が大きな音を立てて激しくぶつかり合う神輿合わせが行われる。

1.本殿は入母屋造・檜皮葺きで、四方に千木を配置。福山藩祖・水野勝成の再建と伝わる。2.境内社・蘇民神社と疱瘡神社。3.豊臣秀吉の山城廃止令で廃城となった相方（さがた）城から移築された城門が2棟ある。現存する戦国時代の城門としては最古級。

おすすめ立ち寄りスポット

ばら公園
ばらこうえん

戦後の復興を願い住民が植栽したのが始まり。令和6（2024）年4月のリニューアル後、約6200本のバラが咲く。🏠福山市花園町1-6

鞆の浦
とものうら

「潮待ちの港」として古くから栄えた港町。江戸時代の常夜灯や坂本龍馬ゆかりの史跡なども残る。🏠福山市鞆町鞆

嚴島神社

いつくしまじんじゃ

家内安全　商業繁栄　心願成就　開運厄除け　海上安全

平安文化の粋を極めた建築美
海上社殿に祀る海の守護神

　祭神は市杵島姫命、田心姫命、湍津姫命の三女神。海上の守護神としても崇敬されている。社伝では創建が推古天皇元（593）年。安芸国の有力豪族・佐伯鞍職が三女神の神託を受け、神鴉の先導で現在地を選定。天皇の勅許を得て社殿を造営したという。

　平安時代末期、安芸守となった平清盛は瀬戸内海海運で財を築き、航海安全の神・三女神を信奉。仁安3（1168）年に現在と同規模の社殿を造営した。平家一門の隆盛とともに平家の氏神となり、皇族・貴族の崇敬も得て、社勢も隆盛を誇る。その後も源氏や毛利家など、時の権力者の崇敬を受けた。

　台風などの被害を受けるたび、修復・復興。明治時代は廃仏毀釈による社殿焼却の危機も乗り越えた。現社殿の主要部は仁治2（1241）年の造営だが、清盛が目指した極楽浄土のような寝殿造の社殿を踏襲。本社本殿・幣殿・拝殿など全6棟が国宝であり、社殿を中心に世界遺産にも登録されている。

1

2

祭神	市杵島姫命 (いちきしまひめのみこと)	所在地	広島県廿日市市宮島町1-1
	田心姫命 (たごり)ひめのみこと)	TEL	0829・44・2020
	湍津姫命 (たぎつひめのみこと)	料金	昇殿料300円(宝物館300円、共通500円)
		見学時間	6:30〜18:00(時期により異なる)
		休み	なし
御朱印情報 ▶ P141		アクセス	宮島フェリー「宮島桟橋」から徒歩約14分

※令和6(2024)年末まで修理工事中

3

4

1.本社祓殿正面、舞楽奉納のための高舞台(国宝)は天文15(1546)年造営。2.両流造の本殿は社殿の最奥。拝殿から幣殿越しに参拝。3.東西廻廊(国宝)は桃山時代の造営。4.西廻廊と弘治3(1557)年造営の反橋。

大鳥居は朱色も一新!
絶景を舞台に繰り広げる
祭礼行事も見逃せない

大鳥居

おおとりい

海に立つ大鳥居は嚴島神社の象徴

日本最大級の木造鳥居（重要文化財）。創建は平清盛、現在は明治8（1875）年造営の9代目。令和4（2022）年に大改修を終え、色鮮やかな雄姿がよみがえった。

枡形

ますがた

「管絃祭」クライマックスの舞台

客神社祓殿と廻廊に囲まれた狭い場所。旧暦6月17日開催の神事「管絃祭」で雅楽を奏し、御座船や曳船を3回漕ぎ回す船体回しが行われ、祭りは最高潮に達する。

客神社

まろうどじんじゃ

境内最大の摂社も国宝

嚴島神社の祭典は当社から始まる。奥から本殿、幣殿、拝殿、祓殿、東廻廊、西廻廊と、平清盛による造営時の構成。仁治2（1241）年再建の社殿に改修を重ねた。

旅情を味わうモデルコース

グルメに名所に見どころたっぷりな日本三景・宮島
旅の終わりには、夕焼けに染まる大鳥居も見逃せない

宮島表参道商店街
みやじまおもてさんどうしょうてんがい

写真提供:新谷孝一

宮島名物がそろう
メインストリート

約350mの商店街。かきや穴子、もみじ饅頭などの名物グルメ、宮島杓子(しゃもじ)や宮島彫など民芸品を販売する店が並ぶ。

☎ 0829・44・2011(宮島観光協会)
🏠 廿日市市宮島町 ⏰ 🈳 店舗により異なる

紅葉谷公園
もみじだにこうえん

写真提供:新谷孝一

渓流や橋に映える
真っ赤な紅葉

イロハモミジやオオモミジなど約700本の木々があり、11月中〜下旬に紅葉の見頃を迎える。新緑も美しい。

☎ 0829・44・2011(宮島観光協会)
🏠 廿日市市宮島町紅葉谷 ⏰ 🈳 ¥ 入園自由

弥山
みせん

写真提供:新谷孝一

標高535m
世界遺産の原始林

厳島神社の背後にそびえる山。獅子岩展望台までロープウェーが利用でき、山頂まではさらに徒歩30分ほど。

☎ 0829・44・2011(宮島観光協会)
🏠 廿日市市宮島町 ⏰ 展望台10:00〜16:00 🈳 入山自由

廿日市市宮島歴史民俗資料館
はつかいちしみやじまれきしみんぞくしりょうかん

宮島の歴史と文化を
保存・継承

宮島に伝わる産業や祭りなどを、資料を用いて紹介。趣のある庭園や古民家も見どころ。平清盛に関する展示も。

☎ 0829・44・2019 🏠 廿日市市宮島町57 ⏰ 9:00〜17:00(最終入場は16:30) 🈳 月(祝日の場合は翌日) ¥ 一般300円

Model course

宮島桟橋
↓ 徒歩8分
宮島表参道商店街
↓ 徒歩5分
厳島神社
↓ 徒歩10分
紅葉谷公園
↓ 宮島ロープウェー30分※＋徒歩10分
弥山(獅子岩駅)
↓ 宮島ロープウェー30分※＋徒歩20分
廿日市市宮島歴史民俗資料館
↓ 徒歩20分
宮島桟橋

※乗り換えの待ち時間を含む

TOPICS

海が舞台の
優雅な儀式
「管絃祭」

旧暦6月17日に行う、日本三大船神事の一つ。平安貴族が都で行った「管絃の遊び」を、平清盛が厳島神社に移したと伝わる。祭神を乗せた御座船で海を渡り、摂社をめぐって祭典を行い、雅楽を奉納する。

玉祖神社

たまのおやじんじゃ

総合運

三間社流造の本殿（奥）と入母屋造の拝殿。寛延3（1750）年、毛利宗広により造替

玉造りの神を逝去地に祀る
神話ゆかりの由緒ある古社

　眼鏡やカメラ、宝石などの守護神として崇められる玉祖命が祭神。勾玉や管玉を造った玉造部の祖神で、三種神器の一つ、八坂瓊勾玉を造り、天孫降臨に従った五部神の一柱だ。死後、社殿を造営して祀ったのが創祀とされ、玉祖命の墳墓という「玉岩屋」が当社の約600m北にある。記紀神話と縁深く、天岩戸開き

に登場する「常世の長鳴鳥」の子孫とされる「黒柏鶏」発祥地として、境内に顕彰碑が立つ。熊襲征伐に際しては景行天皇らが戦勝祈願に参拝したと伝わる。平安時代以降は式内社・周防国一宮として朝廷や歴代長州藩主らが信仰。修築を重ねた社殿は慶長3（1598）年に焼失し、11年後に毛利秀就が再建した。

祭神　玉祖命 (たまのおやのみこと)	所在地	山口県防府市大崎1690
	TEL	0835·21·3915
	料金	参拝無料
	見学時間	9:00〜16:30
御朱印情報 ▶ P141	休み	なし
	アクセス	JR「防府」駅から車で約12分

TOPICS

相撲によく似た特殊神事「占手（うらて）神事」

毎年9月の例祭前夜、神門前の石畳で、裸にふんどし姿の二人が相撲のような動作を行う。仲哀天皇が西征の折に参拝し、戦いの吉兆を占った故事に由来する。

1.二の鳥居。神門は切妻造・銅板葺き四脚門。2.千鳥破風・唐破風向拝付きの拝殿。現社殿は江戸時代の再建・造替を経て、明治時代に大改修、昭和52（1977）年に屋根を葺き替えた。3.国指定天然記念物「黒柏鶏」が、境内で飼育されている。

おすすめ立ち寄りスポット

防府天満宮
ほうふてんまんぐう

日本で最初に創建された天神さま。防府や菅原道真公の歴史を伝える文化財が現存する。🏠防府市松崎町14-1

毛利氏庭園
もうりしていえん

自然の中に造られた橋や島が調和する回遊式庭園で、四季の花木が楽しめる名勝。🏠防府市多々良1-15-1

長門國一宮 住吉神社

ながとのくにいちのみや すみよしじんじゃ

総合運　仕事・学業運　安産

本殿（国宝）は周防・長門両国を統一した守護大名・大内弘世が応安3（1370）年に造替

海の神の荒魂を祀り創建
五社連結の特異な本殿は国宝

海の神・住吉大神（底筒男命・中筒男命・表筒男命）の荒魂を祀る。穏和な和魂に対し、荒魂は勇猛な霊力を指す。神功皇后の三韓征伐の際、和魂は皇后を守護、荒魂は軍船を先導し、勝利に導いたという。凱旋中に託宣を受け、荒魂を現在地に奉斎したのが当社の創祀とされる。延喜式名神大社、長門國一宮で、

航海安全の神として大名家や長州藩主らの崇敬を受けた。本殿（国宝）は室町時代初期の代表的建築で、五社殿を合の間で連結した九間社流造という特異な様式。各社殿の檜皮葺き屋根に千鳥破風が載る。祭神は第一殿に住吉大神、以下、応神天皇、武内宿禰命、神功皇后、建御名方命と各社殿に鎮座。

祭神	住吉大神（すみよしのおおかみ）	所在地	山口県下関市一の宮住吉1-11-1
	応神天皇（おうじんてんのう）	TEL	083·256·2656
	武内宿禰命（たけうちのすくねのみこと）	料金	参拝無料
	神功皇后（じんぐうこうごう）	見学時間	6:00〜18:00（11〜3月は〜17:30）
	建御名方命（たけみなかたのみこと）	休み	12/8〜15（特殊神事のため）
御朱印情報 ▶ P141		アクセス	JR「新下関」駅からバスにて約3分、バス停「一の宮」から徒歩約6分

1

2

3

TOPICS

神功皇后の故事に由来
五穀豊穣を願う「御田植祭」

毎年5月に下関市の農業発展を願って行われる伝統行事。地元の中学生が八乙女や早乙女に扮し、神田に田植えをしたり、あぜ道で舞を奉納したりする。

1.明治34（1901）年造営の三間一戸楼門。鎌倉時代作の随神像を左右に配置。2.切妻造り檜皮葺きの拝殿（重文）は天文8（1539）年、当時の安芸国大名・毛利元就が寄進。3.社頭の鳥居と参道。社叢は山口県天然記念物で、クスノキの巨樹や暖地性植物など原始的植生が残る。

おすすめ立ち寄りスポット

壇之浦古戦場跡（みもすそ川公園）
だんのうらこせんじょうあと（みもすそがわこうえん）

源氏と平家の最後の合戦「壇之浦の戦い」の舞台。関門海峡を間近に見られる。🏠下関市みもすそ川町1-1

城下町長府
じょうかまちちょうふ

土壁や石垣が続く「古江小路」や長府藩主・毛利家の邸宅、侍屋敷跡などがあり、風情ある散策が楽しめる。🏠下関市長府

ここにも
行きたい！
［2］

神山を含む約100万㎡が世界遺産に指定されている名社

春日大社

かすがたいしゃ

祭神　**武甕槌命**（たけみかづちのみこと）　**経津主命**（ふつぬしのみこと）　**天児屋根命**（あめのこやねのみこと）
　　　比売神（ひめがみ）

朱塗りの荘厳な社殿。春日大社の社紋は「下り藤」。藤原氏ゆかりの藤は、昔から境内の至る所に自生している

　神護景雲2（768）年に平城京を守護し、国民の幸せを願って、御神山である御蓋山（春日山）の麓に本殿が建てられたのが起源。現在、国家の安泰と国民の繁栄を祈る祭が年間2200回以上催行されている。中でも1200年以上続く例大祭「春日祭」は、葵祭、石清水祭と並んで三大勅祭の一つに数えられている。また、

20年に一度、国宝の本殿4棟や62社の摂社・末社を修理する「式年造替」は、これまでに60回を数える。60回を超えるのは、伊勢神宮と春日大社のみ。

　本殿4柱の神のほか、摂社・末社を合わせて62社が祀られており、「若宮十五社巡り」や「水谷九社巡り」など、参拝客は思い思いに巡拝を楽しんでいる。

☎ 0742・22・7788　🏠 奈良県奈良市春日野町160　🕐 6：30〜17：30（11〜2月7：00〜17：00、授与所は9：00〜）
🈺 無休　アクセス：JR・近鉄「奈良」駅からバスにて約15分、バス停「春日大社本殿」からすぐ

四国

徳島県
阿波一宮 大麻比古神社
香川県
田村神社

愛媛県
大山祇神社
高知県
土佐神社

阿波一宮 大麻比古神社

あわいちみや おおあさひこじんじゃ

`交通安全` `方除` `厄除け`

内拝殿、外拝殿、祝詞（のりと）殿は、昭和45(1970)年に氏子の寄進によって造営された

格式の高さは県下随一ながら
地元民になじみの深い神社

　創建年は不明。しかし、延喜式神名帳に阿波国（あわのくに）の式内社として名が残っていることから、平安時代初期にはすでに阿波国を代表する神社であったことがうかがえる。明治時代には国幣中社に列せられた。祭神の大麻比古大神（おおあさひこおおかみ）と猿田彦大神（さるたひこおおかみ）は、方除、厄除け、交通安全の神様として信仰を集めてきた。この2柱を総称し

て「おおあささん」や「おおあささま」と呼ばれ親しまれる、地元では身近な存在。

　本社の周りには複数の末社があり、「豊受社」（とようけしゃ）は食の神様、「丸山神社」は土地の神様、「水神社」は水の神様と、多様な神様を祀っている中、「中宮社」の神様は耳が不自由だという説があり、木づちをたたいて参拝するのが風習だ。

祭神	大麻比古大神(おおあさひこおおかみ)	所在地	徳島県鳴門市大麻町板東広塚13
	猿田彦大神(さるたひこおおかみ)	TEL	088・689・1212
		料金	参拝無料
		見学時間	6:00〜17:00(12〜2月は6:30〜16:30)
		休み	なし
御朱印情報 ▶ P141		アクセス	JR「板東」駅から車で約5分

1

2

3

TOPICS ▶

**御神体・大麻山山頂で行う
「奥宮峯神社例祭」**

「弥山(みせん)さん」と崇拝される大麻山。山頂には、奥宮峯神社が鎮座する。毎年8月の例祭では、前夜から早朝までの大祈祷祭や、神輿渡御が行われる。

1.高さ14.6m、柱間11mの大鳥居をくぐると参道が続く。
2.本殿奥にある「心願の鏡池」は、池の中央の岩に賽銭がのると願いがかなうとされるパワースポット。天候や季節によって池の色が変わる。
3.クスノキの御神木は樹齢約1000年と伝わる。

おすすめ立ち寄りスポット

鳴門市ドイツ館
なるとしどいつかん

第一次世界大戦時、捕虜となったドイツ兵と地域住民の交流などについて学べる。⊕ 鳴門市大麻町桧東山田55-2

鳴門の渦潮
なるとのうずしお

世界三大潮流の一つとして知られる鳴門海峡。観潮船や展望台では、迫力ある渦潮の様子を見ることができる。

田村神社

たむらじんじゃ

| 総合運 | 美容・健康運 | 縁結び | 仕事・学業運 | 金運 | 安産 |

龍神伝説が残る
水への信仰が厚い明神大社

　社記によれば、社殿の創建は和銅2 (709)年。大昔は「田村大社」「定水大明神」「一宮大明神」とも称され、広く崇敬されてきた。嘉祥2(849)年に従五位下、貞観3(861)年に官社となって名神大社に列せられ、讃岐国の一宮となって以降は神階を奉授。建仁元(1201)年に正一位の極位に叙位された。

　祭神は倭迹迹日百襲姫命、五十狭芹彦命、猿田彦大神、天隠山命、天五田根命で、この五柱を総称して田村大神という。

　奥殿の床下には井戸(底なし淵)がある。そこには龍がおり、のぞいた者は絶命するという言い伝えがあるため、開かれることはない。領内で洪水や日照りがあると、領主奉行は真っ先に田村神社に祈願したという。これが定水大明神と称されたゆえんだ。古くから讃岐は雨が少なく、ため池が作られてきたが、田村神社周辺は県中部を流れる香東川の伏流水が多い地域で、農耕に欠かせない湧き水への信仰が祭祀につながったと考えられている。

1

2

祭神	倭迹迹日百襲姫命
	（やまとととひももそひめのみこと）

五十狭芹彦命（いさせりひこのみこと）
猿田彦大神（さるたひこのおおかみ）
天隠山命（あめのかぐやまのみこと）
天五田根命（あめのいたねのみこと）

所在地	香川県高松市一宮町286
TEL	087・885・1541
料金	参拝無料
見学時間	参拝自由　　　休み　なし
アクセス	ことでん「一宮」駅から徒歩約10分
御朱印情報 ▶ P142	

3

4

1.入母屋造の幣殿拝殿。2.大鳥居の奥に鎮座する本殿は、優美な春日造。奥殿床下に井戸がある構造は、社殿建築においては非常に珍しい。3.北参道の連鳥居の真ん中にはさぬき獅子の像が。4.北参道入り口で参拝客を出迎える布袋様。

多彩な境内社に
伝説を物語るモニュメント
見どころあふれる古社

素婆倶羅社
そばくらしゃ

女性と子どもの守り神
医薬の祖神・少名毘古那神を祀る素婆倶羅
社。安産、病気平癒、身体健康のご利益があ
る。春日造の本殿、入母屋造の幣殿拝殿は、
建造物としても見応え十分。

宇都伎社
うつきしゃ

付近には十二支や七福神の像も
宇都伎社の祭神は田畑を司る大地主神と、
穀物の神である倉稲魂神。家内安全、生活守
護の神として参拝する人が多い。社殿は昭
和62（1987）年に再建されたもの。

金龍
きんりゅう

龍となって姿を現した祭神
高さ5.7mもある金龍モニュメント。この金龍
に黄金を供えると、長者になるという伝説が
ある。そのため授与所で小判を求め、奉納す
る参拝客が後を絶たない。

桃太郎像
ももたろうぞう

お供と一緒に、いざ鬼が島へ
倭迹迹日百襲姫命が、犬島、猿王、雉ヶ谷の
お供をつれた弟の吉備津彦命に瀬戸内海の
鬼退治を命じる姿をイメージした石像。古社
が一気に身近に感じられる。

旅情を味わうモデルコース

歴史を感じるスポットが点在する高松市。
ローカル鉄道「ことでん」を途中下車して名所をめぐろう

史跡高松城跡 玉藻公園
しせきたかまつじょうあと たまもこうえん

写真提供:玉藻公園管理事務所

重要文化財の建物や
美しい庭園も

高松藩主・松平家の居城だった高松城跡を整備した公園。日本三大水城の一つで、堀に海水が引き込まれている。

☎ 087・851・1521 🏠 高松市玉藻町2-1 🕐 日の出～日没(時期・門により異なる) 🈺 12/29～31 💴 一般200円

高松中央商店街
たかまつちゅうおうしょうてんがい

写真提供:(公社)香川県観光協会

日本一長い
アーケード街

8つの商店街が集まる約2.7kmのアーケードで、三町ドーム(写真)がシンボル。讃岐うどんが味わえる店も多数。

🏠 高松市丸亀町 🕐🈺 店舗により異なる

特別名勝栗林公園
とくべつめいしょうりつりんこうえん

写真提供:(公社)香川県観光協会

一歩一景と評される
江戸時代の大名庭園

文化財庭園として最大の広さを誇る。紫雲山を背景に6つの池と13の築山を配し、多彩な景色が楽しめる。

☎ 087・833・7411 🏠 高松市栗林町1-20-16 🕐 日の出～日没まで(時期により異なる) 🈺 なし 💴 一般410円

仏生山温泉
ぶっしょうざんおんせん

門前町・仏生山の
散策の後に

モダンな雰囲気が人気の温泉施設。美人の湯といわれる重曹泉が、かけ流しで楽しめる。カフェでくつろぐことも。

☎ 087・889・7750 🏠 高松市仏生山町乙114-5 🕐 11:00～24:00(土日祝は9:00～、最終受付23:00) 🈺 第4火 💴 一般700円

Model course

ことでん高松築港駅
↓ 徒歩2分
史跡高松城跡 玉藻公園
↓ 徒歩10分
高松中央商店街
↓ ことでん5分 +徒歩14分
特別名勝栗林公園
↓ ことでん12分 +徒歩22分
田村神社
↓ ことでん4分 +徒歩22分
仏生山温泉
↓ 徒歩10分
ことでん仏生山駅

TOPICS
**拝殿に
蚊帳を垂らして
豊作を願う**

五穀豊穣を願い催行される春季例大祭。拝殿に蚊帳をつける「御蚊帳垂(おかちょうたれ)神事」が行われる。農作物に害をなす虫を封じる意味合いがあるとされ、収穫を祝う秋季例大祭で外される。

大山祇神社

おおやまづみじんじゃ

諸願成就

室町時代初期に再建された本殿は国指定重要文化財。胡粉（ごふん）・丹塗り（にぬり）の赤が鮮やか

瀬戸内海の"国宝の島"で
日本建国の神を祀る

　瀬戸内海西部に浮かぶ芸予諸島の中で愛媛県最大の島・大三島に鎮座する、県内最古の神社。全国に1万社以上ある大山積神を祀る神社の総本社。大山積神は天照大御神の兄神に当たる。『古事記』と『日本書紀』には「山の神」とあるが、『伊予国風土記』の記述には、山の神であると同時に大海原の神、渡航の神

であるとされてきた。かつては水軍の武将たちからの信仰も厚く、伊予国の有力豪族であった河野氏や来島村上氏は、大山祇神社の神紋「隅切折敷縮三文字」を家紋にしている。

　神武天皇の東征に先立って四国に渡った大山積神の子孫である小千命が、大三島に勧請鎮祭したと伝わる。

祭神　大山積神（おおやまづみのかみ）	所在地	愛媛県今治市大三島町宮浦3327
	TEL	0897・82・0032
	料金	参拝無料（宝物館1000円）
	見学時間	日の出頃～17:00（授与所は9:00～）
	休み	なし
御朱印情報 ▶ P141	アクセス	JR「今治」駅からバスにて約1時間5分、バス停「大山祇神社前」からすぐ

1

2

3

TOPICS

**甲冑や太刀など
時代を代表する武具を多数所蔵**

境内の宝物館では、全国の国宝・重要文化財に指定されている武具類の約8割を保存、展示する。平安中期から戦国時代まで、各時代の名品を見られる。

1.樹齢2600年を超える御神木は小千命によって植えられたと伝わる。2.切妻（きりづま）造りの拝殿も国指定重要文化財。3.二ノ鳥居左側にある社号標「大日本総鎮守大山祇神社」の文字は、初代内閣総理大臣の伊藤博文が参拝記念に書いたもの。

おすすめ立ち寄りスポット

今治市大三島美術館
いまばりしおおみしまびじゅつかん

現代日本画を中心に美術品約1000点を展示する。切妻造の大屋根や列柱が特徴で、枯山水の庭園もある。大山祇神社隣接。

道の駅 多々羅しまなみ公園
みちのえき たたらしまなみこうえん

特産品の販売やレストランなどが充実。瀬戸内海や多々羅大橋の眺望も。🅟今治市上浦町井口9180-2

土佐神社

とさじんじゃ

総合運　健康運　縁結び　仕事・学業運　金運　安産　開運招福

長宗我部元親（ちょうそかべもとちか）公により元亀元（1570）年に再建された社殿。入りとんぼという珍しい建築様式

境内に巨木や巨石が点在
荘厳な自然に神が宿る

　5世紀後半、雄略天皇の時代の創建と伝えられ、平安時代には延喜式内大社に列し、正一位の神階を授けられた悠久の歴史を持つ。一方で、土佐の人々からは親しみを込めて「志那祢様」と呼ばれ、心の拠り所とされてきた。

　祭神は味鋤高彦根神と一言主神。味鋤高彦根神は大国主神の御子で、国土の開拓、農工商あらゆる産業の繁栄の神様。一言主神は、和合協調の神として一言で物事が解決されるという特殊な信仰のある神様。これらから南海の総鎮守として家内安全、農産繁栄、建設、政治などの神様、さらに航海安全、交通安全、病気平癒の神様と崇敬され、広く開運招福のご利益があるとされている。

祭神	味鋤高彦根神(あじすきたかひこねのかみ)	所在地	高知県高知市一宮しなね2-16-1
	一言主神(ひとことぬしのかみ)	TEL	088·845·1096
		料金	参拝無料
		見学時間	8:00〜17:00
		休み	3/12(忌籠祭のため境内進入不可)
御朱印情報 ▶ P142		アクセス	JR「高知」駅からバスにて約13分、バス停「一宮神社前」から徒歩約5分

1

2

3

TOPICS

高知の夏を締めくくる
土佐三大祭の一つ「しなね祭」

毎年8月、国の隆昌や平和を祈願して、神輿渡御や神楽の奉納などが行われる。祭りの間は忌火が灯され、火にかざした松明を参拝者が持ち帰る風習がある。

1.朱色が目を引く本殿。本殿のほか、幣殿、拝殿も国の重要文化財に指定されている。2.約300mの参道の奥に社がある。約3.3万㎡の境内には杉や楠の大木や磐座(いわくら)も。3.土佐藩二代藩主の山内忠義公が建てた鼓楼も国の重要文化財。

おすすめ立ち寄りスポット

高知城
こうちじょう

慶長6(1601)年に藩祖・山内一豊築城。天守のほか本丸御殿や追手門などが現存する。🏠 高知市丸ノ内1-2-1

ひろめ市場
ひろめいちば

飲食店が約50店連なり、土佐名物・カツオをはじめ高知ならではの定番グルメが楽しめる。🏠 高知市帯屋町2-3-1

崇高な雰囲気に包まれた日本建国の地

橿原神宮

かしはらじんぐう

祭神　**神武天皇**（じんむてんのう）　　**媛蹈鞴五十鈴媛皇后**（ひめたたらいすずひめこうごう）

廻廊を連ねた入母屋造の外拝殿。紀元2600年を奉祝し、昭和14(1939)年に建造された

明治23（1890）年4月2日、神武天皇が造営し、即位した場所である「橿原宮址」に創建された。畝傍山の東南麓に位置し、約53万㎡の神域は豊かな緑と四季の草花に覆われている。

神武天皇が幾多の困難を乗り越え、第一代天皇として即位したことや、127歳（『古事記』では137歳）という長寿を全うしたことから、開運招福、健康延寿のご利益があると言われている。

外拝殿に飾られた高さ4.5m、幅5.4mの大絵馬、木の風合いを生かした素木造りの鳥居、国歌『君が代』に出てくる「さざれ石」なども見どころ。どちらも神武天皇にゆかりのある、金鵄と鮎をモチーフにしたおみくじを求める参拝客も多い。

☎ 0744・22・3271 ⏺ 奈良県橿原市久米町934 ⏰ 6：00〜18：00（季節により異なる）💰 参拝無料 🈚 無休 ※宝物館は ⏰ 10：00〜15：00（土日祝は9：00〜16：00）💰 500円（企画展により異なる）アクセス：近鉄「橿原神宮前」駅から徒歩約8分

九州・沖縄

筥崎宮

はこざきぐう

厄除け　勝運

勝運の神を祭る
日本三大八幡宮の一つ

　創建については諸説あるが、延喜21（921）年、醍醐天皇が御神託により「敵国降伏」という文字を下賜し、この地に神殿造営を指示したことに由来。延長元（923）年に筑前国の大分宮から遷座したと伝わる。その後は、異国との外交の門戸として、重要な役割を果たした。

　筥崎八幡宮の名でも呼ばれ、宇佐神宮（P122）、石清水八幡宮（P56）と並ぶ日本三大八幡宮の一つ。鎌倉時代の蒙古襲来の際、神風が吹き、打ち勝ったことから、厄除け・勝運の神としても信仰されてきた。中世では足利尊氏、大内義隆、小早川隆景、豊臣秀吉など数々の名将が参詣を行い、江戸時代は福岡藩の歴代藩主から厚い崇敬を受けた。

　本殿と拝殿は天文15（1546）年に大内義隆が再建、一之鳥居は慶長14（1609）年に黒田長政が建立したもので、いずれも国指定重要文化財である。

　境内には、アジサイやボタン、ユリなど四季折々の花が咲き、花の名所としても愛されている。

1

2

祭神	応神天皇（おうじんてんのう）	所在地	福岡県福岡市東区箱崎1-22-1
	神功皇后（じんぐうこうごう）	TEL	092・641・7431
	玉依姫命（たまよりひめのみこと）	料金	参拝無料
		見学時間	8:30〜17:30
御朱印情報 ▶ P142		休み	なし
		アクセス	JR「箱崎」駅から徒歩約5分

1.本殿は建築面積約152㎡の九間社流造。**2.**御神木の筥松。標（しるし）の松とも呼ばれている。**3.**石に触れると、運が湧き出ると伝わる湧出石。**4.**毎年春分の日に一番近い戌（つちのえ）の日に開催される春季社日祭。

朝野の崇敬を集めた
八幡宮の数々の歴史が
境内のあちらこちらに点在

楼門

ろうもん

文禄3(1594)年建立の楼門

「敵国降伏」の扁額(へんがく)を掲げている
ことから伏敵門とも呼ばれている。建築面積
約40㎡に対し、屋根は約275㎡もある雄大
な造り。

一之鳥居

いちのとりい

ほかにはない形状の石造りの鳥居

柱は三段に切れ、下部が太くなっている。笠
木と島木は一つの石材で造られ、貫と笠木
の長さが同じなど特殊な造りになっており、
筥崎鳥居と呼ばれている。

千利休奉納の石燈籠

せんのりきゅうほうのうのいしどうろう

国指定重要文化財の石燈籠

天正15(1587)年、九州平定後の豊臣秀吉が
本宮に滞陣した際に随行した千利休が奉納
したと伝わる。拝観は放生会、さつき大祭期
間中のみ。国指定重要文化財。

旅情を味わうモデルコース

80店舗以上ある箱崎商店街など、周辺には多彩なショップが点在。
福岡県庁の方へ向かえば、季節の花々が彩る東公園などの見どころも

Model course

福岡市営地下鉄箱崎宮前駅
↓ 徒歩1分
筥カフェ
↓ 徒歩1分
筥崎宮（一之鳥居）
↓ 徒歩5分
柴田徳商店
↓ 徒歩15分
東公園
↓ 徒歩2分
福岡よかもんひろば
↓ 徒歩10分
JR吉塚駅

筥カフェ
はこかふぇ

花庭園を眺めながら
過ごせるカフェ

筥崎宮迎賓館にあるオープンカフェで、花庭園を眺めながらランチやティータイムを楽しめる。ぜんざいやカレーなどを提供。

☎092・651・1100 ⊕福岡市東区馬出4-14 ⏰11:00～16:00 休平日（土日のみ営業）

柴田徳商店
しばたとくしょうてん

木の香り漂う
伝統工芸品「博多曲物」

約300年にわたって、筥崎宮の奉納品として知られる「博多曲物」を手掛ける。飯びつや三段重、小物入れなど幅広く揃う。

☎092・651・0470 ⊕福岡市東区馬出2-22-22 ⏰10:00～18:00 休日（祝日は要問合せ）

TOPICS
ボタンやユリなど
季節の花が彩る
花庭園を散策

東公園
ひがしこうえん

歴史にもふれられる
緑豊かな県営公園

約7万㎡の園内に、芝生広場や散策路などがある。文永の役の古戦場跡でもあり、亀山上皇の銅像や元寇史料館などがある。

☎092・409・0597（東公園管理事務所）⊕福岡市博多区東公園 ⏰休¥散策自由（元寇史料館の入館は要予約、有料）

福岡よかもんひろば
ふくおかよかもんひろば

福岡県庁最上階にある
展示室&ラウンジ

福岡県の伝統工芸品を展示する南棟展示室と、カフェやショップがある北棟ラウンジで構成。博多湾を一望できる。

☎092・645・1835 ⊕福岡市博多区東公園7-7 福岡県庁11階 ⏰8:30～17:15 休土日祝 ¥入場無料

箱崎宮前駅からすぐの場所に、ボタンやユリなどが植えられた花庭園がある。1月の「冬ぼたんまつり」、4月の「ぼたんしゃくやく花まつり」など、見頃の時期にはイベントも行われ、境内はより華やかに。紅葉も美しい。

筑前國一之宮 住吉神社

ちくぜんのくにいちのみや すみよじんじゃ

浄化の神

現在の本殿は元和9(1623)年、福岡藩主・黒田長政の再建によるもので、国の重要文化財

「三大住吉」の一つで
最古の住吉神社と伝わる

　創建は明らかではないが、社伝によると1800年以上の歴史がある。全国に2129社ある住吉神社の中でも最も古い神社と伝わり、古書には「住吉本社」「日本第一住吉宮」と記されている。現在は、大阪の住吉大社(P32)、下関の住吉神社(P90)と並び「三大住吉」の一つと言われる。

　伊弉諾大神が「筑紫日向小戸橘之檍原」で禊をした時に生まれたと、『古事記』に記されている底筒男神ら住吉三神が祭神。神功皇后が三韓渡航の際、住吉三神がお守りしたことから、厚い崇敬を受けたと伝わる。平安時代になると筑前の一宮として定められ、延喜式神名帳に「筑前国那珂郡住吉神社三座並名神大」の名で記された。

祭神	底筒男神(そこつつのをのかみ)		所在地	福岡県福岡市博多区住吉3-1-51
	中筒男神(なかつつのをのかみ)		TEL	092・291・2670
	表筒男神(うわつつのをのかみ)		料金	参拝無料
			見学時間	9:00〜17:00
			休み	なし
御朱印情報 ▶ P142			アクセス	JR「博多」駅から徒歩約10分

写真提供:筑前國一之宮 住吉神社

1

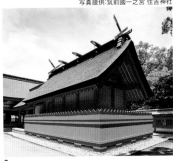

2

3

TOPICS

毎年10月12〜14日に開かれる「例大祭(相撲会大祭)」

相撲大会や勇壮な流鏑馬を見ることができる。相撲の神としても知られており、境内には古代力士像があり、大相撲九州場所前には横綱奉納土俵入りが行われる。

1.福岡市中心部で緑豊かな約2.7万㎡の広大な敷地を有する。2.本殿は、神社建築の最古の様式と伝わる貴重な「住吉造」。3.能楽殿は、伝統的な様式と洋風の建築技術を一体にした珍しい近代和風建築。

おすすめ立ち寄りスポット

楽水園
らくすいえん

明治39(1906)年に博多商人が建てた別荘跡地。現在は日本庭園として整備されている。🏠福岡市博多区住吉2-10-7

柳橋連合市場
やなぎばしれんごういちば

鮮魚店や精肉店、青果店、菓子店など約40軒がひしめくアーケード街。食堂やカフェもある。🏠福岡市中央区春吉1-6-1

高良大社

こうらたいしゃ

厄除け　延命長寿　交通安全　福徳円満

社殿は幅約17m、高さ13m、奥行き32mの重厚な構え

築後平野を一望する中腹にたつ
1600年の歴史をもつ古社

　高良山中腹に鎮座し、美しい夕景スポットとしても人気。約1600年前、異国の兵が九州を攻めた際、神功皇后が神仏に助けを求めて祈り、現れたのが高良玉垂命と伝わる。神域の周囲には、現在も神籠石と呼ばれる1300個ほどの巨石が並んでいることから、古代山城だったと考えられている。

　延喜式神名帳に高良玉垂命神社と記載され、名神大社に選ばれるほどの格式だった。江戸時代までは神仏習合をしており、山内には26寺360坊あった。

　総こけら葺き権現造の社殿は、本殿が万治3（1660）年、幣殿・拝殿が寛文元（1661）年に建てられたもので国指定重要文化財だ。

祭神	高良玉垂命（こうらたまたれのみこと）	所在地	福岡県久留米市御井町1
	八幡大神（はちまんおおかみ）	TEL	0942・43・4893
	住吉大神（すみよしおおかみ）	料金	参拝無料
		見学時間	参拝自由
御朱印情報 ▶ P142		休み	なし
		アクセス	JR「久留米」駅からバスにて約30分、バス停「御井町」から徒歩約20分

1

2

3

TOPICS

**霊水が湧くパワースポット
ひと足のばして奥宮へ**

高良大社から歩いて20分のほど
の山頂付近にある奥宮には毘沙
門天が祀られている。諸願成就の
神として信仰され、寅の日には多
くの参拝客が訪れる。

1.筑後平野を見渡す眺望も
見事。2.安永6（1777）年に
建てられた朱色が美しい中
門・透塀。3.三の鳥居の向
こうには131段の石段が続
く。国指定文化財の一の鳥
居（石造大鳥居）は高良山の
麓にある。

おすすめ立ち寄りスポット

久留米森林つつじ公園
くるめしんりんつつじこうえん

4月になると、約100種、約
6万1000株のツツジが咲き
誇る。園内からは筑後平
野を見渡せる。🏠 久留米
市御井町299-354

写真提供：福岡県観光連盟

道の駅くるめ
みちのえきくるめ

ファーマーズマーケットや
レストラン、テイクアウト
カフェがあり、休憩に最
適。🏠 久留米市善導寺町
木塚221-33

與止日女神社

よどひめじんじゃ

総合運　仕事・学業運　安産

社殿は火災によって焼失したが、文化13（1816）年に藩主・鍋島家によって再建された

「よどひめさん」の名で親しまれ、海・川・水の守護神を祭る

　欽明天皇25（564）年創建と伝わる。延喜式神名帳に記され、応保元（1161）年頃に、肥前国一宮として崇敬された。地元では「よどひめさん」と呼ばれ、親しまれている。名勝・川上峡のほとりに鎮座しており、海、川、水の守護神として信仰されている。境内には、子授かりや安産のご利益が伝わる「金精さん」や、学問の神様を祭る天満社もある。

　慶長7（1602）年、後陽成天皇より一宮の勅額を賜ったが、千栗八幡宮（P116）も一宮の勅額を賜っており、一宮をめぐり、両社で60年以上の争いとなった。

　樹齢1500年近くの大楠をはじめとした樹木が茂る境内全体が、佐賀市景観重要建造物に指定されている。

祭神　與止日女命(よどひめのみこと)	所在地	佐賀県佐賀市大和町川上1-1
	TEL	0952・62・5705
	料金	参拝無料
	見学時間	参拝自由(社務所9:00〜18:00、冬季は〜17:00、
		拝殿建物は8:00〜18:00、冬季は〜17:00)
	休み	なし
御朱印情報 ▶P142	アクセス	JR「佐賀」駅からバスにて約30分、バス停「川上橋」から徒歩約3分

1

2

3

TOPICS

**収穫の感謝を奏上し
巫女の舞を奉納する秋季例祭**

毎年11月18日に行われる例祭（新嘗祭）。秋の収穫を神前に奉告し、巫女による「豊栄の舞」が奉納される厳かな例祭。境内は紅葉で彩られ、風雅な趣を醸す。

1.大友宗麟（おおともそうりん）の焼き討ち後、元亀4（1573）年に造立された西門。佐賀県指定重要文化財。2.神社境内を東側から川を挟んで望む。桜や藤など季節の花も美しい。3.拝殿には250枚の天井絵が配されている。

おすすめ立ち寄りスポット

巨石パーク
きょせきぱーく

10m以上の巨石群が17基点在。大きな石たちは與止日女神社の御神体と考えられている。🏠佐賀市大和町梅野329-5

写真提供:佐賀県観光連盟

元祖 吉野屋
がんそ よしのや

うるち米を使った生地で上品な甘さの餡を包んだ、川上峡名物「白玉饅頭」を販売。喫茶室もある。🏠佐賀市大和町梅野173

千栗八幡宮

ちりくはちまんぐう

縁結び 　安産 　交通（海運）安全 　国家安寧

一の鳥居から146段の石段を上った先に社殿がある

肥前の要衝に鎮座する
宇佐神宮の別宮

　筑後川近くの海抜約30mの丘の上で、古くから政治、軍事、交通の要衝だった地に鎮座する。神亀元（724）年、養父郡司・壬生春成が御神託を受け千本の栗の木が生えている地に創建したと伝わる。宇佐神宮の別宮として、平安時代には式外五所八幡別宮の一社として朝廷からも厚い崇敬を受けた。

　戦国時代には当宮の西約300mの場所に千栗城が築かれ、神域も度々戦乱に巻き込まれた。周辺の参道は、戦乱で敵を迎え撃つために造られた「のこぎり形町並み」が今も残っている。戦乱で社殿も幾度か焼失したが、天正11（1583）年に龍造寺政家が再興。藩主・鍋島家より明治維新まで崇敬され続けた。

祭神	
應神天皇（おうじんてんのう）	
仲哀天皇（ちゅうあいてんのう）	
神功皇后（じんぐうこうごう）	
難波皇子（なにわのみこ）	
宇治皇子（うじのみこ）	
住吉明神（すみよしみょうじん）	
武内宿禰（たけしうちのすくね）	

所在地	佐賀県三養基郡みやき町白壁2415
TEL	0942・89・5566
料金	参拝無料
見学時間	社務所受付は9:00〜17:00
休み	なし
アクセス	JR「久留米」駅からバスにて約10分、バス停「千栗八幡宮前」からすぐ

御朱印情報 ▶ P142

1

2

3

TOPICS

**五穀豊穣祈願で
奉納される「行列浮立」**

貞観5（863）年に始まったとされる秋祭りで、伝統の衣装に身を包んだ人々が、鉦（かね）・笛・太鼓の音に合わせて練り歩く。9月15日（例祭）に近い日曜に開催。

1.藩祖・鍋島直茂より慶長14（1609）年に奉納された肥前鳥居。2.毎年3月15日に「お粥だめし」が開催されるお粥堂。お粥のカビの生え具合で、その年の農作物の出来などを占う。3.社殿そばの楠で、樹齢450年以上の古木。

おすすめ立ち寄りスポット

のこぎり形町並み
のこぎりがたまちなみ

千栗八幡宮周辺の参道は、道の端がのこぎりの歯のようにギザギザにかたどられており、昔ながらの風景を残す。

山田ひまわり園
やまだひまわりえん

毎年11月上〜中旬に見頃を迎えるひまわり畑。約10万本が咲き誇る。住 みやき町簑原 寒水川山田水辺公園近く。

写真提供:佐賀県観光連盟

天手長男神社

あまのたながおじんじゃ

五穀豊穣　開運祈願　安産祈願　夫婦円満　延命長寿

山頂に鎮座するシンプルな造りの社殿

古来国防の要の地で
神功皇后ゆかりの神社

玄界灘沖で大陸との外交や国防において重要な役割を果たしていた壱岐。島内には神社庁に登録されているだけでも150以上の神社がある。

「宗像大菩薩縁起」によると、神功皇后の三韓渡航の際、宗像神が御手長とよばれる旗竿を上げ下げして敵を翻弄し、この旗を後に沖ノ島に立てたと伝わる。

天手長男の名はこの御手長の伝説が由来と考えられている。

延喜式神名帳に記載された名神大社で、壱岐国一宮として崇敬を受けていた。中世には廃絶状態になっていたが、近世に入り再興。昭和40（1965）年、式内明神大社の天手長比売神社、物部布都神社など5社が合祀された。

祭神	天忍穂耳命（あめのおしほみみのみこと）	所在地	長崎県壱岐市郷ノ浦町田中触730
	天手力男命（あめのたぢからおのみこと）	TEL	0920・47・5748
	天鈿女命（あめのうずめのみこと）	料金	参拝無料
		見学時間	参拝自由
		休み	なし
御朱印情報 ▶ P142		アクセス	郷ノ浦港からバスにて約20分、バス停「柳田」から徒歩約10分

写真提供：(一社)壱岐市観光連盟

1

2

3

TOPICS

**子どもの無病息災を願い
産着が納められた社も**

拝殿横には、産着やおもちゃなど
が奉納されている社がある。子ど
もの無病息災を願って納められ
たもので、安産祈願に訪れる参拝
客も多い。

1.社殿へは竹林に囲まれた
137段の石段を上る。2.鳥
居周辺は清閑な雰囲気が
漂っている。3.境内からは延
久2（1070）年の銘がうたれた
石造弥勒如来坐像（国指定
重要文化財）が出土したこ
とがある。

おすすめ立ち寄りスポット

猿岩
さるいわ

猿の形をしたユニークな岩
は高さ45m。近くには土
産品が買える「お猿のかご
屋」がある。**住** 壱岐市郷ノ
浦町新田触870

写真提供：(一社)壱岐市観光連盟

岳ノ辻展望台
たけのつじてんぼうだい

島内最高峰、標高212.8m
の岳ノ辻山頂にあり、壱
岐の町並みや九州、対馬
を見渡せる。**住** 壱岐市郷
ノ浦町若松触398-1他

写真提供：(一社)壱岐市観光連盟

119

阿蘇神社

あそじんじゃ

厄除け　家内安全　学業成就　商売繁盛　五穀豊穣　良縁成就

令和3（2021）年に地元のヒノキを使って再建された拝殿

2000年以上の歴史をもち
国内約500社の阿蘇神社総本社

神武天皇の孫である健磐龍命が祭神。阿蘇山火口を御神体とする火山信仰と融合し、肥後国一宮として崇敬を集めてきた。東西約18km、南北約24km、海抜800m前後の外輪山に囲まれた地形に位置し、一帯は豊かな湧水地としても知られている。

社殿群は、天保6（1835）年から嘉永3（1850）年にかけて熊本藩の寄進によって再建されたもので、神殿や楼門などの6棟は国重要文化財に指定されている。中でも楼門は、九州最大規模を誇り、日本三大楼門の一つとも言われている。平成28（2016）年の熊本地震により楼門などが倒壊する被害を受けたが、令和5（2023）年で復旧工事が完了している。

祭神	健磐龍命 (たけいわたつのみこと)		所在地	熊本県阿蘇市一の宮町宮地3083-1
	阿蘇都比咩命 (あそつひめのみこと)		TEL	0967・22・0064
	國龍神 (くにたつのかみ)		料金	参拝無料
	比咩御子神 (ひめみこのかみ)		見学時間	6:00～18:00 (授与所は9:00～17:00)
	彦御子神 (ひこみこのかみ)		休み	なし
	若比咩神 (わかひめのかみ)		アクセス	JR「宮地」駅から徒歩約15分
	新彦神 (にいひこのかみ)　ほか5柱			

1

2

3

TOPICS

豊作を祈願する
阿蘇の農耕祭事

農耕開始期の「田作祭(火振り神事)」をはじめ、田植期の「おんだ祭」や収穫期の「田実祭」など、豊作を祈る一連の祭りは国の重要無形民俗文化財。

1.高さ約18mの楼門。熊本地震から7年8カ月後に楼門の復旧が完了した。**2.**左から、二の神殿、一の神殿、三の神殿。すべて重要文化財。**3.**境内に自噴する湧水・神の水。不老長寿の水として崇められている。

おすすめ立ち寄りスポット

阿蘇一の宮門前町商店街
あそいちのみやもんぜんまちしょうてんがい

あか牛の人気店など多彩な飲食店が並ぶ阿蘇神社の参道。清らかな湧水「水基」が点在し、「水基巡り」も楽しめる。

写真提供:熊本県観光連盟

草千里ヶ浜
くさせんりがはま

標高約1100mに位置し、放牧された馬が草原を歩く様子や阿蘇火山博物館などを見学できる。⊕阿蘇市草千里ヶ浜

写真提供:熊本県観光連盟

宇佐神宮

うさじんぐう

仕事・学業運　安産　厄除け・開運

上宮の南中楼門。通常は開かずの門で、この先に本殿の三殿が並ぶ

全国約4万の八幡宮の総本社で
神仏習合文化発祥の地

　第15代・応神天皇を神格化した八幡大神を祀る。欽明天皇32（571）年にこの地に現山し、神亀2（725）年に神社が造営された。

　本殿（国宝）は古代の神社建築の様式を受け継ぐ「八幡造」。三殿が並び、一之御殿に八幡大神、天平5（733）年造営の二之御殿に比売大神、弘仁14（823）年造営の三之御殿に神功皇后を祀る。

　八幡大神の神威は、奈良東大寺の大仏建立時の協力や道鏡の神託事件など、国家鎮守として重要な役割を幾度も果たし、皇室をはじめ民衆へと信仰が広まった。宇佐神宮は神仏習合の発祥の地であり、弥勒寺建立や六郷満山開山以後も、その文化を受け継いでいる。

祭神	八幡大神(はちまんおおかみ)	所在地	大分県宇佐市南宇佐2859
	比売大神(ひめおおかみ)	TEL	0978・37・0001
	神功皇后(じんぐうこうごう)	料金	参拝無料
		見学時間	参拝自由
		休み	なし
御朱印情報 ▶ P142		アクセス	JR「宇佐」駅からバスにて約7分、バス停「宇佐八幡」から徒歩約5分

1

2

3

TOPICS

宝物館の貴重な文化財から宇佐の歴史を感じとる

国宝の孔雀文磬(くじゃくもんけい)をはじめ、宇佐神宮に伝わる貴重な文化財を収蔵・展示。日祝日の9:00〜16:00開館。入館300円。

1.上宮(本殿)の分神を祀る下宮。農業や一般産業の発展を守る神威があると伝わる。2.御霊水。八幡大神が初めて現れた場所であり、今でも清水が湧いて絶えることがない。3.10年に一度の勅祭でのみ開かれる呉橋。

おすすめ立ち寄りスポット

西椎屋の景
にしいしいやのけい

「宇佐のマチュピチュ」とよばれる西椎屋地区の山と棚田の景観。宇佐神宮から車で約40分。🏠宇佐市院内町西椎屋510

院内町石橋群
いんないまちいしばしぐん

宇佐市院内町には75基の石橋が点在。細長い橋脚から「石橋の貴婦人」と称される鳥居橋など美しいアーチ橋が各地に佇む。

西寒多神社

ささむたじんじゃ

精神安定　縁結び　厄除け　心身健全　家内安全　農業

格調高い趣の拝殿。東側には精霊殿を備える

樹齢450年の藤棚が見事
心の安定を守る豊後国一宮

神功皇后ゆかりの聖地・西寒多山(現在の本宮山)に、勅命を受けた武内宿禰が応神天皇9(278)年に建立したのが始まり。有力武将の信仰が厚く、南北朝から室町時代には、大友家の崇敬を集め、応永15(1408)年、大友親世が社殿を現在の地に移した。かつての場所には現在も奥宮が鎮座している。

延喜式神名帳に記された式内社であり豊後国一宮とされるが、柞原八幡宮(P126)も一宮とされ、大分市内には2カ所の一宮が存在する。

心の神で、精神の安定を司る月読尊が祭神。境内には、樹齢約450年の藤の古木や、樹齢100年を超える数百株のツツジなど、美しい景色が広がる。

祭神	天照皇大御神（あまてらすおおみかみ）	所在地	大分県大分市寒田1644
	月読尊（つきよみのみこと）	TEL	097・569・4182
	天忍穂耳命（あめのおしほみみのみこと）	料金	参拝無料
		見学時間	参拝自由（社務所は9:00〜16:30）
御朱印情報 ▶ P142		休み	なし
		アクセス	JR「大分」駅からバスにて約30分、バス停「ふじが丘南」から徒歩約15分

1

2

3

TOPICS

**ライトアップも行われる
艶やかな「ふじまつり」**

社殿に供える御酒の酒造所を建
てる際、この地区の人々が植えた
と伝わる藤の古木は、樹高3m、
幹周2.3m。4月中旬〜5月上旬は
ふじまつりが行われる。

1.文久2（1862）年に造られ
たアーチ型石造りの萬年橋。
県指定文化財。2.本殿西側
に位置する神庫。木材を井
桁状に積み重ね壁面を造る
珍しい井籠組み。3.境内敷
地は2.6万㎡を超える。秋に
は紅葉の名所としても人気。

おすすめ立ち寄りスポット

高瀬石仏
たかせせきぶつ

凝灰岩層の石窟に5体の
石仏が彫られている。平安
時代末期の作と考えられ
ている。国指定史跡。🏠大
分市高瀬901

戸次本町まちなみ
へつぎほんまちまちなみ

かつて交通の要所として
栄えた戸次本町には、江
戸時代末期からの歴史的
建造物が現存する。🏠大
分市中戸次

柞原八幡宮

ゆすはらはちまんぐう

（総合運）（厄除け）（必勝）（安産）

本殿、申殿、拝殿を含む10棟、6点の宝物が国指定重要文化財

樹齢3000年の古木も立つ
森に囲まれた八幡造の社殿

　天長4（827）年、延暦寺の金亀和尚によって開かれたことが起源。宇佐神宮（P122）の分祀を受けた別宮で、西寒多神社（P124）と共に豊後国一宮として崇敬を集める。

　嘉永3（1850）年造営の本殿は、全国でも数少ない壮麗な八幡造。本殿、申殿、拝殿、廻廊、楼門が続く、宇佐神宮に模した独特の社殿配置も特徴だ。本殿は令和7（2025）年度まで工事中。その後も拝殿などの保存修理の予定があるので、参拝の際には注意しよう。

　境内は約8.2万㎡の広さを誇り、杉やクスノキなどの森に囲まれた荘厳な雰囲気。参道の途中は南大門や御神木のクスノキなど見どころも多い。

祭神	応神天皇（おうじんてんのう）	所在地	大分県大分市八幡987
	仲哀天皇（ちゅうあいてんのう）	TEL	097・534・0065
	神功皇后（じんぐうこうごう）	料金	参拝無料
		見学時間	8:30～16:30（祈祷受付は～16:00）
御朱印情報 ▶ P142		休み	なし
		アクセス	JR「大分」駅からバスにて約25分、バス停「柞原」から徒歩約5分

1

2

3

TOPICS

**参道の石畳に隠された
2枚の「幸運の扇石」**

参道の石畳に敷かれているという「幸運の扇石」。踏めば願いが叶うという言い伝えがあり、扇石を探しながら参拝するのも楽しみの一つ。

1.参道中腹にある南大門（別名・日暮しの門）には、龍や花、鳥などの彫刻が刻まれている。2.御神木は、樹齢3000年余りの国指定天然記念物のクスノキ。3.参拝は廻廊から行う。新緑や紅葉の眺めも名物。

おすすめ立ち寄りスポット

大分城址公園
おおいたじょうしこうえん

「日本100名城」に選ばれた府内城の宗門櫓、人質櫓、三方の塀が現存する。桜の名所でもある。🏠大分市荷揚町74外

神崎温泉 天海の湯
かんざきおんせん てんかいのゆ

別府湾を眺めながら入浴できる露天風呂が人気。家族湯は全7室（2500円～）。入浴600円。🏠大分市神崎上白木62-8

都農神社

つのじんじゃ

縁結び　厄除け　病気平癒　商売繁盛

現在の社殿は、老朽化に伴い平成19(2007)年に竣成されたもの

広大な境内に生い茂る杉並木の
厳かな雰囲気に立つ美しい社殿

　社伝によると創建は神武天皇が東遷の際、この地で大己貴命を祀って武運や国土の平安、海上平穏、武運長久を祈念したことが起源。延喜式神名帳には日向国式内社の一つとして記載された。皇室に厚い尊崇を受け、一時は広大な敷地を誇っていたが、天正年間(1573〜1592)の島津・大友の争乱の際、大友氏の兵火にかかり、尾鈴山麓に避難した御神体を除き、社殿、宝物、古文書等のすべてを焼失した。日向高鍋藩主・秋月種政が元禄5(1692)年に再興、昭和15(1941)年に境内の拡張整備がなされた。

　宮司が祈祷した「神の石」を石納所に納めると願いが叶うと伝わる神の石神事を求め多くの参拝客が訪れている。

祭神　大己貴命（おおなむちのみこと）	

所在地	宮崎県児湯郡都農町川北13294
TEL	0983・25・3256
料金	参拝無料
見学時間	祈願9:00〜16:00、授与所9:00〜17:00
休み	なし
アクセス	JR「都農」駅から徒歩約25分

御朱印情報 ▶ P142

1

2

3

TOPICS

**華やかな神輿が練り歩く
迫力の都農神社夏大祭**

毎年8月1〜2日に執り行われる夏祭りでは、神輿や太鼓台などが町内を練り歩く。太鼓台がぶつかり合う2日目の「ケンカ太鼓台」で祭りは最高潮に。

1.俗世と神域の分かれ目の神門。境内は2000本以上の杉林が茂る。2.都農神社から約1km離れた奥宮の瀧神社。社殿の裏に不動の滝がある。耳病平癒、雨乞い、日乞いの信仰が篤い。3.玉砂利の敷かれた厳かな参道。

おすすめ立ち寄りスポット

尾鈴山
おすずやま

標高1405m。固有種も植生する草木豊かな山。大小30以上の滝があり「尾鈴山瀑布群」として名勝に指定されている。

道の駅つの
みちのえきつの

都農町・川南町産の農作物をはじめ、トマトソフトクリームや都農ワインなどを販売。フードコートもある。🏠都農町川北5129

鹿兒島神宮

かごしまじんぐう

厄はらい　安産　家内安全　交通安全

拝殿内部は約200枚の天井画、極彩色の装飾が美しい

桜島を眺める丘に鎮座する
全国正八幡宮の本宮

延喜式神名帳に桑原郡鎮座鹿児島神社と記載されている大隅国一宮。創祀は祭神の住まいだった宮殿を神武天皇が廟として高千穂宮と名付けて祀ったことが起源と伝わる。近世は正八幡宮、国分正八幡、大隅正八幡などと称して人々に崇敬され、全国正八幡の本宮でもある。

藩政時代には、領主・島津家の崇敬を受け、1000石を有していた。宝暦6(1756)年に島津重年によって建てられた現在の社殿は、国の重要文化財に指定されている。

祭神は、彦火火出見尊とその后神・豊玉比売命。夫婦で祀られていることから縁結びや子授け、安産のご利益があると伝わる。若返りのご利益も有名。

祭神	**彦火火出見尊**（ひこほほでみのみこと）	
	豊玉比売命（とよたまひめのみこと）	

所在地	鹿児島県霧島市隼人町内2496-1
TEL	0995・42・0020
料金	参拝無料
見学時間	参拝自由
休み	なし
アクセス	JR「隼人」駅から徒歩約15分

御朱印情報 ▶ P142

1

2

3

TOPICS

鈴かけ馬が踊り手と躍る!
春の訪れを告げる「初午祭」

飾りをつけた約20頭の鈴かけ馬が、大勢の踊り手とともに参道を踊り歩く伝統行事。毎年旧暦1月18日を過ぎた次の日曜に行われる。

1.大鳥居から境内までは約500m。春には桜並木が参道を彩る。2.長い石段を上った先に重要文化財の勅使殿・拝殿・本殿が立つ。3.石段の途中にある樹齢800年と伝わる御神木のクスノキ。

おすすめ立ち寄りスポット

日当山西郷どん村
ひなたやませごどんむら

西郷隆盛がたびたび訪れた日当山にあり、レストランや特産品販売所、足湯などがある。🏠霧島市隼人町内1487-1

妙見温泉
みょうけんおんせん

天降川沿いで源泉かけ流しの湯を堪能できる。飲泉も可。鹿児島神宮から車で約15分。🏠霧島市隼人町嘉例川

新田神社

にったじんじゃ

総合運　事業繁栄　縁結び　仕事・学業運　安産　商売繁盛　五穀豊穣　交通安全

約300段の階段の先に社殿がある。縦に立ち並ぶ社殿を回廊がコの字型に囲む珍しい配置

神亀山の山頂に鎮座する
緑豊かな薩摩国の一宮

　神亀山に天孫・天津日高彦火瓊瓊杵尊を祀ったことが始まり。神亀山には瓊瓊杵尊の御陵「可愛山陵」があり、もともとは社殿がなく山全体が神社であったと伝わる。現在も山のほとんどが御陵の神域である。

　新田という名は瓊瓊杵尊がこの地に川内川から水を引き、新しく田んぼを作ったという伝承によりつけられたもの。

　古くは八幡大神をあわせ祀り、八幡新田宮と呼ばれていた。蒙古襲来では外敵を退散させた功を認められるなど朝廷、幕府から深い信仰を受けていた。また、武士の守護神として薩摩藩主・島津家からも厚い崇敬を受け、現在のもととなる社殿は島津義久によって造られた。

祭神	天津日高彦火瓊瓊杵尊 （あまつひだかひこほのににぎのみこと）	所在地	鹿児島県薩摩川内市宮内町1935-2
		TEL	0996・22・4722
		料金	参拝無料
		見学時間	参拝自由（授与所・御朱印等受付は9:00〜16:00）
		休み	なし
御朱印情報 ▶ P142		アクセス	肥薩おれんじ鉄道「上川内」駅から徒歩約25分

写真提供:桐原写真場

1

2

3

TOPICS

勇壮な踊りで豊作祈願
伝統を受け継ぐ「御田植祭」

御神田では太鼓や田植え歌に合わせて踊る「奴踊り」、社殿では勇壮な「棒踊り」などが奉納される。6月（入梅の日の前の日曜）に執り行われる。

1.一の鳥居から二の鳥居までは約1kmの距離がある。2.高さ70mの小高い神亀山。祭神の墓と伝わる可愛山陵は境内の北側にある。3.樹齢800年ともいわれるクスノキの御神木。幹に空洞ができている。

おすすめ立ち寄りスポット

人形岩
にんぎょういわ

西方海岸にある奇岩。子どもを抱えた母親の姿に見える岩には、さまざまな伝説が残る。❖ 薩摩川内市西方町

写真提供:薩摩川内市

川内高城温泉
せんだいたきおんせん

西郷隆盛も通ったと伝わる、約800年の歴史をもつ古湯。レトロな雰囲気の共同湯などがある。❖ 薩摩川内市湯田町

枚聞神社

ひらききじんじゃ

総合運　交通安全　海上安全　開運招福

唐破風の向拝が特徴の勅使殿。後ろに拝殿、幣殿、本殿が連なる

薩摩、琉球と広く信仰され
海の守り神・開聞岳に鎮座する

　創建は不詳だが、『日本三代実録』の貞観2（860）年3月の項にその名が記載されており、1200年以上の歴史があるとみられる。

　古くから海の神様とされてきた開聞岳の麓に鎮座し、交通・航海安全、漁業守護の神として崇敬を寄せられてきた。琉球王からも信仰され、航海安全の神徳を奉謝して納めた額面も残っている。

　薩摩国一宮として、歴代藩主島津家からの信仰も厚かった。現在の本殿は、慶長15（1610）年に島津義弘が寄進、天明7（1787）年に島津重豪が改築したもの。宝物殿には、室町時代のものとされる化粧箱「松梅蒔絵櫛笥」（重要文化財）が収蔵されている。

祭神　大日孁貴命（おおひるめむちのみこと）	

所在地	鹿児島県指宿市開聞十町1366
TEL	0993・32・2007
料金	参拝無料
見学時間	参拝自由（社務所、札場等は8:00〜17:00）
休み	なし
アクセス	JR「開聞」駅から徒歩約10分

御朱印情報 ▶ P142

1

2

3

TOPICS

例大祭の前夜に披露される厳かな「枚聞神社神舞」

女性が舞う「浦安の舞」と、男性が舞う「剣之舞」「南方之舞」「中央之舞」「天鈿女命之舞」が継承されている。10月14日の例大祭の前夜祭で見られる。

写真提供:P.K.N

1.一の鳥居の向こうに開聞岳が見える。2.二の鳥居の両脇には御門神社が立つ。そばにそびえる樹齢800年のクスノキも圧巻だ。3.天智天皇が大宮姫のもとへ白馬で訪れたという伝説から、境内には神馬像が立つ。

おすすめ立ち寄りスポット

池田湖
いけだこ

開聞岳を見渡せる絶景スポット。花壇には年間を通して季節の花が咲く。湖で水上アクティビティーも楽しめる。🏠 指宿市池田

ヘルシーランド露天風呂 たまて箱温泉
へるしーらんどろてんぶろ たまてばこおんせん

開聞岳と東シナ海を望む和風露天風呂など、雄大な景色とともに湯浴みを楽しめる。入浴510円。
🏠 指宿市山川福元3292
※令和6(2024)年6月から1年程度休業予定

波上宮

なみのうえぐう

恋愛成就　良縁祈願　安産祈願　海上安全

赤瓦と鮮やかな朱塗りの美しい拝殿

朝野の崇敬を集めた
琉球国時代から続く沖縄総鎮守

　美しい海に突き出すようにそびえる崖の上に鎮座する。創始年は不詳だが、かつて人々が海の彼方にある理想郷「ニライカナイ」の神々に豊漁、豊穣などの祈りをこの崖端で捧げたことが始まりと伝わる。

　琉球国で特別な扱いを受ける琉球八社の筆頭として崇敬を集めた。王府の信仰も深く、毎年正月には参拝し、国家の平安と繁栄を祈ったという。明治時代になり、官幣小社へ列格。社殿をはじめとした神域の整備が重ねられた。太平洋戦争の戦火で被災したが、昭和28(1953)年に本殿と社務所、その後拝殿を再建。平成5(1993)年に本殿と拝殿が整備され、現在の姿となった。

祭神	伊弉冉尊〈いざなみのみこと〉	所在地	沖縄県那覇市若狭1-25-11
	速玉男尊〈はやたまをのみこと〉	TEL	098・868・3697
	事解男尊〈ことさかをのみこと〉	料金	参拝無料
		見学時間	参拝自由（社務所は9:00〜16:30）
		休み	なし
御朱印情報 ▶ P142		アクセス	ゆいレール「旭橋」駅から徒歩約15分

1

2

3

TOPICS

地元の人々で賑わう
5月の例大祭「なんみん祭」

5月17日の例大祭とその前後に開催。神楽の奉納や神輿行列のほか、沖縄角力大会、ビーチ綱引大会、のど自慢大会など多彩な催し物が行われる。

1.海のそばの高台に位置するロケーションで観光客も多く参拝に訪れている。地元では「なんみんさん」と呼ばれ親しまれている。2.狛犬ではなくシーサーが境内を守る。3.大きな灯籠とともに立つ一の鳥居。

おすすめ立ち寄りスポット

波の上うみそら公園
なみのうえうみそらこうえん

遊泳やBBQ、マリンアクティビティーなどを楽しめるタウンビーチ。ビーチリゾートを気軽に満喫できる。住那覇市辻3-3-1

国際通り
こくさいどおり

デパートや飲食店、土産店などが約1.6kmの通りに軒を連ね、南国的な雰囲気が漂う観光名所。波上宮から車で10分ほど。

神社の動物には
どんな
意味がある?

「神 しん 神のお使い 使 し」

神社では動物の像や授与品などを目にすることが多いが、
その動物たちは神様のメッセージを伝える神の使い「神使」とされている。
神使は神様によって異なり、由来もさまざまだ

兎
ウサギ

住吉大社の場合、辛卯（かのと）年卯月卯日の鎮座にちなんでウサギが神使とされている。住吉神兎（なでうさぎ）のほか、ウサギのお守りや御朱印がある。

鹿
シカ

春日信仰の祭神・武甕槌命が、鹿島神宮から春日大社まで白いシカに乗って向かったことからシカが神使とされる。骨が占いに使われるなど、古くから神秘的な動物と考えられてきた。

馬
ウマ

賀茂別雷神社では、祭神が神山に降臨する際、「馬に鈴を掛けて走らせなさい」というお告げに従って神迎の祭りを行ったと伝わる。賀茂競馬など、馬にまつわる神事が行われている。

鳩
ハト

全国に4万社以上あるといわれる八幡宮。武神として崇敬される八幡神の神使はハトとされている。八幡宮では、鳩をモチーフにした授与品や像をみかけることが多い。

狐
キツネ

稲荷神社は日本で最も数の多い神社で、稲荷神の神使はキツネとされる。稲荷の祭神・御饌津（みけつ）神を三狐（みけつ）神と書き間違えたことが発端など諸説ある。

海蛇
ウミヘビ

出雲大社がある島根県の海岸に神無月の頃に流れ着くセグロウミヘビは、龍宮からの使い「龍蛇様」とよばれ、出雲に集まる神々の先導役を担うとされている。

御朱印カタログ

御朱印 カタログ

神社に参拝し神様とのご縁が結ばれた証しに授与される御朱印。
いただく際は、神様や神社の方々への敬意を忘れずに。
※掲載許可をいただいた神社のみ掲載しています。

建部大社
▶ P20

志 300円以上

賀茂別雷神社（上賀茂神社）
▶ P22

300円

賀茂御祖神社（下鴨神社）
▶ P24

500円

住吉大社
▶ P32

楠珺社 500円

住吉大社 500円

大鳥大社
▶ P40

特別限定御朱印
「大鳥の四季」1000円

坐摩神社
▶ P36

500円

籠神社
▶ P30

元伊勢宮 500円

産霊詣り特別朱印
600円 ※満月の日に授与

産霊詣り特別朱印
600円 ※新月の日に授与

大神神社
▶ P42

300円

日前神宮 國懸神宮
▶ P44

300円

枚岡神社
▶ P38

500円

神氣 700円 ※1〜6
月に授与。宮司直筆
（書き置きのみ）

笑福 700円 ※7〜12
月に授与。宮司直筆
（書き置きのみ）

丹生都比売神社
▶ P48

世界遺産登録20年記念御朱印（令和6年限定）
1000円

粟鹿神社	宇倍神社	熊野大社	物部神社	隠岐國壱宮 水若酢神社
❯ P52	❯ P58	❯ P64	❯ P66	❯ P68

300円　500円　300円　お心持ち　500円

由良比女神社	吉備津神社	石上布都魂神社	中山神社	備後一宮 吉備津神社
❯ P70	❯ P72	❯ P76	❯ P78	❯ P80

300円
※西ノ島町観光協会にて授与。書き置きのみの場合あり

300円　500円　500円　500円

素盞嗚神社	嚴島神社	長門國一宮 住吉神社
❯ P82	❯ P84	❯ P90

500円　300円　500円　特別御朱印 1000円 ※画像は春の図

玉祖神社		阿波一宮 大麻比古神社	大山祇神社
	❯ P88	❯ P94	❯ P100

500円
500円
※絵柄は月替わり

奥宮峰神社 300円　大麻比古神社 300円　500円

田村神社

▶ P96

小 500円

大 1000円

切り絵 1500円

土佐神社	筥崎宮	筑前國一之宮 住吉神社	高良大社	與止日女神社

▶ P102　▶ P106　▶ P110　▶ P112　▶ P114

500円

1000円

500円

500円

500円

千栗八幡宮	天手長男神社	宇佐神宮	西寒多神社	柞原八幡宮

▶ P116　▶ P118　▶ P122　▶ P124　▶ P126

志 500円以上

300円
※拝殿にて授与

500円

500円

500円

都農神社	鹿兒島神宮	新田神社	枚聞神社	波上宮

▶ P128　▶ P130　▶ P132　▶ P134　▶ P136

500円

300円

500円

500円

500円

授 与 品

西日本編

特色あふれるお守りや縁起物、御朱印帳をピックアップ

P.136 波上宮

沖縄ならではの
びんがた柄

御朱印帳
2000円

弘法大師を高野山へ導いた
御神犬にちなんだおみくじ

P.48 丹生都比売神社

みちびき犬みくじ
500円

P.114 與止日女神社

御朱印帳 1500円

風格ある社殿と
その前にそびえる楠がモチーフ

物部神社

神の使いの鶴が
福を呼び寄せる

つるみくじ
400円
P.66

P.128 都農神社

大国様がにっこり
ほほえむ縁起物

大国
土鈴座像
1300円

石持ち神事に用いる
神聖な石が入った
お守り

福徳守
800円

P.72 吉備津神社

神社ゆかりの桃太郎が
仲間たちと鬼退治！

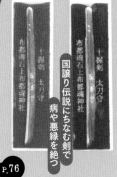

国譲り伝説にちなむ剣で
病や悪縁を絶つ

P.76 石上布都魂神社

太刀守
600円

御朱印帳（桃太郎）
1700円

P.106 筥崎宮

試験や就職、
あらゆる勝負に勝つ

勝守
1000円

神社ゆかりのモチーフがかわいい
厄を「はじく」縁起物

筥崎宮おはじき
桐箱入り 3000円

編集	株式会社東邦クリエイト 編集室ムーブ（小室茉穂、加藤亜佳峰）
執筆	株式会社東邦クリエイト 編集室ムーブ（小室茉穂、加藤亜佳峰）、角田真弓、
	菊地裕子、阿部真奈美

デザイン	高田正基（valium design market inc.）

写真提供	関係各施設
	各市町村観光課・観光協会／國學院大學博物館／PIXTA

主な参考文献	『日本全国 一の宮 巡拝パーフェクトガイド 改訂版』招福探求巡拝の会著（メイツ出版）
	『縮刷版 神道辞典』國學院大學日本文化研究所編集（弘文堂）
	『神社のことがよくわかる本』外山晴彦著（東京書籍）
	『神さまに選ばれた動物図鑑』（神宮館）
	『イラスト図解でよくわかる!日本の神社・お寺入門』（宝島社）
	『ビジュアル神社総覧　全国一の宮めぐり』（学研パブリッシング）

主な参考ホームページ	
	各神社・施設・府県・市区町村・各府県神社庁のオフィシャルホームページ、
	國學院大學「古典文化学」事業 神社・神名データベース、神社人、神社ラボ

シリーズ 旅する日本百選④

一宮を訪ねる旅
西日本編

第1刷　2024年3月8日

編者	「一宮を訪ねる旅」製作委員会
発行者	菊地克英
発行	株式会社東京ニュース通信社
	〒104-6224 東京都中央区晴海1-8-12
	TEL 03-6367-8023
発売	株式会社講談社
	〒112-8001 東京都文京区音羽2-12-21
	TEL 03-5395-3606
印刷・製本	株式会社シナノ